Olivier Grojnowski

Les héros de BD chez le psy

Éditions **Bréal**

Conception maquette et couverture, conseil artistique : Docteur Fred Neidhardt.
Shoots toiles : Bertrand Huet – Tutti images.
Mise en pages : Pascale Deleval

Page 47 : le texte dit par Charlie Brown est extrait de la première page du roman de J.D. Salinger *L'attrape cœur.*

Le portrait de Freud est librement inspiré
d'une écorce de platane trouvée par Claude Mollard.

Page 63 : la toile consacrée à Corto Maltese est librement inspirée de la sculpture de Franco Adami "Le casque d'Alexandre".

L'auteur a bénéficié pour la rédaction de ce livre du soutien du Conseil général du Nord via une résidence d'écriture à la Villa Marguerite Yourcenar.

Avertissement : les aléas de la réalisation de ce livre ont parfois pu en mener l'écriture vers des rivages d'apparence lointaine de la psychanalyse au sens strict du terme : recherches historiques, sociologiques, politiques, littéraires, etc. Qu'il nous soit permis, pour un ouvrage de vulgarisation, d'appréhender la "psy" comme une science humaine, qu'on peut avoir intérêt à oublier de temps à autre pour mieux y revenir ensuite, tôt ou tard; avec l'espoir d'un tonus et d'une pertinence renforcés d'autant.

ISBN : 978-2-7495-3220-2

Sommaire

Little Nemo

Little Ego au pays des rêves : sortir du réel pour entrer dans le vrai.

McCay, 1905

Dire qu'il n'y a pas si longtemps le cinéma et la bande dessinée n'existaient même pas ! Première projection publique des frères Lumière, 1895 ; première bande dessinée avec une « bulle » (phylactère), 1896, le *Yellow Kid* de l'Américain Richard F. Outcault. Cinéma et bande dessinée s'inventent alors de toutes pièces. La bande dessinée, moins puissante, est confinée aux *comics*, c'est-à-dire, par définition, aux bonnes grosses blagues plus ou moins balourdes, jusqu'à l'arrivée, en 1905, de Winsor McCay et de Little Nemo, une sorte de Petit Prince avant la lettre.

L'inspiration de McCay a été nourrie par trois immenses parcs d'attractions new-yorkais, à Coney Island, tout près desquels il logeait dès 1903, après son embauche au *Herald Tribune*. Les noms de deux de ces trois parcs sonnent comme l'annonce de l'arrivée de Little Nemo : Dreamland et Luna Park, ainsi baptisé du nom de sa principale attraction, un voyage sur la Lune animé par d'authentiques Sélénites. Méliès n'est pas très loin… De toute l'incroyable surenchère à l'émerveillement des parcs de Coney Island découlera l'univers halluciné de Little Nemo.

Luna Park… Si on se contente de rappeler que la Lune, reine de la nuit et du royaume des songes, a toujours inspiré les poètes, on enfonce une porte ouverte. Il nous faut bien au moins le renfort de Victor Hugo pour nous extirper du cliché, car c'est précisément de l'observation de la Lune grâce au télescope d'Arago, en 1834, que Victor Hugo entrera dans le vif de sa méditation poétique, et, plus précisément encore, de l'observation d'une montagne de la Lune, le *Promontoire du songe*. « Comme on fait son rêve on fait sa vie », écrivait-il trente ans après.

« C'est tout naturellement par sa hauteur que ce *Promontoire du songe* nous révèle "le monde qui n'est pas et qui est". Et il n'en faut pas plus à Victor Hugo pour que le rêve devienne lui-même promontoire, avancée sur l'abîme, concrétion splendide de ce par quoi l'homme est parfois beaucoup plus que lui-même[1]. »

Dès 1905, McCay introduit sa délicatesse poétique dans la bande dessinée, dont il réinvente les codes page après page. La poésie étant entendue non pas comme une petite chose décorative, mais bien comme « un objet imaginaire indispensable à notre survie[2] ». McCay, décidément un sacré pionnier, réalisera aussi, en 1914, l'un des tout premiers dessins animés, *Gertie le dinosaure*, qu'il présentera lui-même au music-hall, se produisant sur scène en dompteur et faisant mine de donner des ordres au dinosaure animé à l'écran, interagissant avec lui. Dix ans avant les premiers films de Charlie Chaplin...

Comme Chaplin, Winsor McCay est un enfant de la balle. Coney Island n'était presque qu'un retour aux sources pour lui qui, tout jeune déjà, a fréquenté cirques et forains, s'exhibant dans des numéros de dessinateur prodige. Dans *Little Nemo in Slumberland*, qu'il publie dans un supplément hebdomadaire en grand format couleur pendant six cents semaines, chaque page raconte un épisode de la grande aventure d'un petit garçon au Royaume des rêves. Royaume dont le héros sort toujours en se réveillant, en bas de page, et où il retourne ensuite en reprenant le cours de son rêve interrompu en début de page suivante, et ainsi de suite, de page en page.

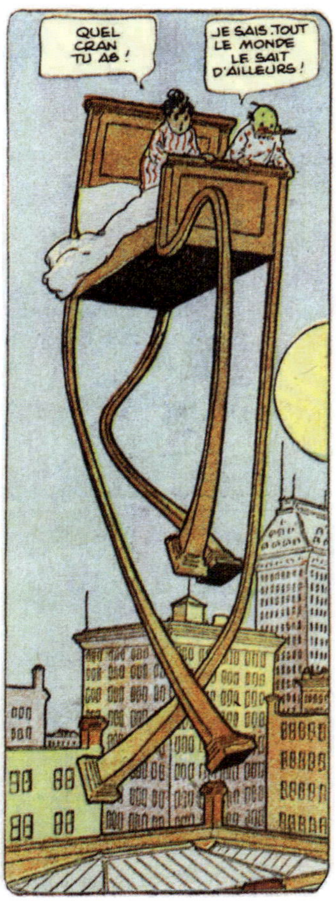

Le Slumberland (pays du sommeil) de Little Nemo s'inspire ouvertement du Wonderland (pays des merveilles) d'Alice, LA référence du récit de rêve. Les rêves de Little Nemo ne se soucient pas une seconde des premières théories que le docteur Sigmund Freud publie au même moment (*L'Interprétation des rêves,* 1900). Pas de « désir réprimé » qui s'exprime dans les rêves de Little Nemo, pas de « voie royale qui mène à l'inconscient » de McCay ; ce pur génie n'est « seulement » qu'un grand magicien, un enchanteur. Pas d'inconscient tordu à décrypter chez Little Nemo, juste l'inventivité et le charme infinis de son dessinateur.

Victor Hugo, encore : « Non, personne n'est en dehors du rêve. De là son immensité » ; « Abandonner la surface, soit pour monter, soit pour descendre, est toujours une aventure » et « Ce palais de l'impossible, les hommes voudront toujours l'habiter, nous vivons des questions faites au monde imaginaire ».

Et enfin, Annie Lebrun : « Sortir du réel pour entrer dans le vrai[3]. »

(1) (2) (3) Annie Lebrun, *Du trop de réalité*, Éd. Stock, 2000.

O.G

Bécassine

Curée sur la bonne.

Pinchon, 1905

Bécassine, petite bonne bretonne de Clocher-les-Bécasses, au nom d'Annaïk Labornez («la bornée») apparaît en 1905 dans *La Semaine de Suzette*, l'illustré des jeunes filles rangées. Au contraire de tous les autres personnages de la série, dessinés avec un grand souci de réalisme, les traits de son visage sont réduits à leur plus simple expression, pour la rendre aussi «simplette» que possible : un rond pour la tête, trois points pour les yeux et la bouche, un petit «c» pour le nez. D'après certains dictionnaires, une «bécasse» ou «bécassine» n'est pas seulement un oiseau, mais aussi une femme stupide, le prototype de la bonne gourde provinciale , bien brave mais sotte et naïve. Un cliché insupportable aux yeux des Bretons, qui allèrent jusqu'à détruire sa statue de cire au musée Grévin, le 18 juin 1939.

Bécassine est servante chez Mme de Grand-Air et sa famille, qui éprouvent toutes les peines du monde à lui inculquer les bonnes manières. On l'a compris, Bécassine représente les bouseuses vues par la bonne société. Le Paris haussmannien les avait intégrées à ses plans en leur réservant les célèbres «chambres de bonne» du dernier étage, auxquelles elles accédaient par l'escalier de service, la principale qualité qui leur était demandée étant de savoir rester à leur place. En 1905, il fallait à peine moins de temps pour rallier Clocher-les-Bécasses (près de Quimper) à Paris qu'il n'en faut à un «bougnoule» du XXIe siècle pour traverser la Méditerranée jusqu'à Marseille (vingt heures en ferry, mais une heure vingt en avion). Les Bretons étaient les bougnoules de la fin du XIXe siècle et du début du XXe. L'accueil réservé aux uns et aux autres, à quelques décennies d'écart, est tout à fait du même ordre, il obéit aux mêmes lois, aux mêmes instincts. Et c'est bien le rapport à *l'autre*, à l'étranger, qui est engagé dans cette affaire à travers le personnage de Bécassine. Si vous vous imaginez que la nationalité française et la religion catholique mettaient Bécassine et ses compatriotes bretons à l'abri du racisme ordinaire, vous vous trompez lourdement. Lisez plutôt ce qu'en disait un rapport de la police nantaise de 1855 (1) : «Dans la population pauvre de la ville [...] il existe une antipathie prononcée contre la race bretonne qui affame les vrais pauvres, qui reçoit toutes les charités et qui a tous les vices imaginables.» En français dans le texte. La «race bretonne» qui «reçoit toutes les charités» ne vous fait-elle pas furieusement penser à ces étrangers de la France des années 2010 «qui-touchent-les-allocations» ? Et la notion de «vrais pauvres» (100% français) est là pour nous prouver que la race bretonne n'était bien sûr constituée que de «faux pauvres» dont la misère était habilement simulée. Quels comédiens tout de même, ces Bretons !
Mais ce n'est pas tout : l'écrivain nantais Morvan Lebesque a témoigné de la vision de la bourgeoisie nantaise sur l'immigration bretonne au début du XXe siècle(2) : «Les Bretons, je les connaissais. C'était des êtres crasseux, superstitieux, comiques, bref, étrangers, logés à l'extrémité de la ville [...] un quartier où on allait peu, juste après celui des putains. [...] on voyait toujours des gosses dépenaillés, culs nus, et, disait mon père, quand l'un d'eux tombe ou se fait écraser ça ne compte pas, ces gens-là font des tas d'enfants [...]. Ils avaient leur église, leur prêche en patois et même leur cinéma.» N'en jetez plus ! On voit bien là que la chrétienté (fervente) des Bretons ne les protégeait en rien de l'opprobre, ce qui constitue pourtant l'argument massue des xénophobes d'aujourd'hui pour nous démontrer le caractère prétendument «inassimilable» des musulmans dans la République. Les Bretons avaient «leurs églises à eux» (aujourd'hui on dirait «leurs mosquées») où les prêches se faisaient «en patois» (aujourd'hui : «en arabe»). Des Bretons si sauvages et si féconds (menace d'invasion démographique) que la mort d'un de leurs enfants les indifférait autant que s'il s'était agi d'un de leurs chiens. Aujourd'hui les bougnoules, hier les Bretons... Et demain ? Les roux ?

Oui, c'est bien le rapport à *l'autre* qui est engagé dans le regard de Mme de Grand-Air sur Bécassine. Ignore-t-elle, cette madame, qu'en s'aventurant hors de sa région, elle deviendrait elle-même une étrangère ? Dans la Grèce antique, les étrangers étaient sacrés. Question de réciprocité élémentaire, de statut réversible : on est toujours l'étranger en dehors de chez soi, et respecter l'étranger, c'est se respecter soi-même. Bécassine, notre bougnoule des années 1900, prêta un temps son costume à un autre Breton célèbre dans une émission télévisée, le *Bêbête show,* sous le nom de Pencassine. De là à dire que M. Jean-Marie Le Pen serait un bougnoule breton et que ce serait cette part de lui-même qu'il haïrait, voilà qui est plus que tentant et qui pourrait expliquer bien des choses qui nous avaient paru jusqu'alors incompréhensibles. Dans cette hypothèse, et avec tout le talent qu'on lui connaît, M. Le Pen aura eu la générosité de partager cette supposée détestation de lui-même avec un nombre croissant de nos compatriotes un demi-siècle durant ; c'est vraiment très chic de sa part. On aura compris, en tout cas, qu'entre Mme de Grand-Air et Bécassine, la plus stupide des deux n'est sans doute pas celle que l'on croit. Quant à la bêtise de M. Le Pen, on aura l'occasion d'y revenir avec le personnage du Beauf inventé par Cabu, ce Le Pen du coin de la rue.

(1) Cité par Jean Breteau dans «Bretagne, terre d'immigration en devenir», *Hommes et Migrations,* n° 1260, 2006.

(2) Morvan Lebesque, *Comment peut-on être breton ? Essai sur la démocratie française,* Seuil, 1970. (M. Lebesque ne faisait là bien sûr que rapporter la mentalité de l'époque, sans y souscrire.)

O.GROJ

Les Pieds Nickelés

Les Pieds niqués prennent leur pied.

Forton, 1908

Apparus en 1908, les Pieds Nickelés[1] ne sont pas à proprement parler, et contrairement aux apparences, des anarchistes : ils n'ont certes, et de façon revendiquée, « ni Dieu ni maître », mais changer le monde leur importe peu. Ils s'en fichent même éperdument. Leur « démarche » n'est qu'individualiste, farouchement individualiste. Et pourtant, il est impossible d'évoquer ces trois figures du patrimoine national français sans les rattacher, même de loin, au courant anarchiste dont ils sont malgré tout les enfants plus ou moins légitimes. Plus ou moins légitimes ou illégitimes, selon que l'on considère ce courant anarchiste comme une fumisterie pour parasites sociaux ou qu'on le ressent, au contraire, comme une pensée politique au moins aussi valable et largement pas plus insensée, dans sa radicalité, que le capitalisme financier ou le communisme stalinien, par exemple... Dans *Les Travailleurs de la nuit*, Marius Jacob parle bien de ce type de malandrins qui, entre 1897 et 1905, « récupèrent » dans les châteaux, les églises et les villas « un peu de ce que leurs propriétaires avaient volés » ; ce que les anarchistes appellent « reprise individuelle ». Pieds Nickelés, enfants légitimes ou pas de l'anarchisme, une question à creuser, donc.

À l'époque des premiers exploits en bande dessinée des Pieds Nickelés, les « illustrés pour la jeunesse » étaient obsédés par l'idée de divulguer des histoires moralisatrices, « utiles » à l'éducation des enfants. Un diktat cucul-pralineux visant à les sensibiliser aux préceptes de la vie en société et de la Morale. Et quelle société ! Quelle Morale ! Par exemple, en 1893, dans la région d'Amiens, les tisseurs font grève pour réclamer l'application de la journée de onze heures sans diminution de salaire. Onze heures par jour ! On imagine bien les patrons d'alors gémir à l'intention de leurs ouvriers : « Onze heures seulement par jour de travail ? Mais vous voulez notre ruine ! Et celle du pays avec ! Mauvais Français !!! » Bref, l'idée se diffuse alors insidieusement que voler de tels voleurs – les nantis, les exploiteurs – eh bien, ce n'est pas vraiment voler, mais qu'il s'agit plutôt de débrouillardise *légitime*. Sus à la prétendue « morale » bourgeoise, c'est le message ; et voilà bien ce qu'illustrent, au fond, les Pieds Nickelés... L'année précédant leur création, l'anarchiste Ravachol, condamné à la guillotine pour des assassinats – qu'il a toujours niés – monte à l'échafaud en chantant la célèbre chanson du Père Duchesne :

« Si tu veux être heureux,
Nom de Dieu !
Pends ton propriétaire,
Coupe les curés en deux,
Nom de Dieu ! »

La voilà, la grande coupure en deux des mentalités à l'œuvre dans la société française du tout début du XXe siècle, que la saga des Pieds Nickelés va venir enluminer de sa joyeuse malhonnêteté ; cette coupure, on la schématisera grossièrement en deux clans : d'un côté, les dreyfusards, de l'autre les antidreyfusards ; d'un côté, les « salopards en casquette » du Front populaire, de l'autre les Croix-de-Feu du colonel de La Rocque. Et, au milieu, les Pieds Nickelés qui comptent les points, électrons libres, irrécupérables. Cette réserve posée – ils ne sont d'aucun camp –, on se doute quand même laquelle des deux factions en lice s'identifie le plus à leurs aventures... Car même si ces pseudo-anarchistes ne peuvent se reconnaître dans les mouvements sociaux d'alors, bien trop hiérarchisés pour eux (à commencer par le communisme dévoyé), dans le contexte de l'époque, les Pieds Nickelés restent un joli pavé dans la mare, catalyseur de bien des exaspérations. Et même à l'écart desdits « mouvements sociaux », ils en restent malgré tout les alliés objectifs, dans le même mépris des riches et de tous leurs outils de domination (armée, Église, police, etc.). Choquer le bourgeois, c'est sans doute très facile, mais ça soulage tellement ! C'est bien là toute leur mission, littéraire.

Mais les Pieds Nickelés, ce sont donc peut-être aussi avant tout, du fait même de leur déclassement librement choisi, de sublimes ratés, des magouilleurs aussi inventifs que maladivement foireux. Tant et si bien qu'un siècle après leur baptême, l'expression « pieds nickelés » est passée dans le langage courant pour désigner tous les cambrioleurs minables qui n'excellent que dans l'art de se faire attraper par les flics. Rien qu'en cela, Croquignol, Ribouldingue et Filochard se rangeraient définitivement plus du côté des racailles sans foi ni loi que du côté des anarchistes. Au moins du point de vue de Georges Brassens, pas vraiment politologue diplômé, mais si souvent titillé sur ses affinités anarchisantes qu'il avait fini par déclarer à ce propos : « Un anarchiste est un homme qui traverse scrupuleusement dans les clous, parce qu'il a horreur de discuter avec les agents de police. »

(1) *Les Pieds nickelés* était le titre d'une pièce de Tristan Bernard ; cette expression signifie paresseux, tire-au-flanc.

O. GROJ
NOWSKI

Mickey

Et Dieu dans tout ça ?

Disney, 1928

Avouons que les jardins du château de Versailles sont bien le dernier endroit où l'on s'attendrait à rencontrer Mickey Mouse ! Mais en détaillant les vues aériennes, plans et images satellite de ces jardins, c'est pourtant bien sur lui que l'on tombe dans le lieu-dit parterre de Latone, qui est un peu à Versailles ce que la place de l'Étoile est à Paris. Pur hasard ou conspiration ésotérique ? Regardons de plus près, en commençant par la genèse de notre ami Mickey, avant de revenir à Versailles.

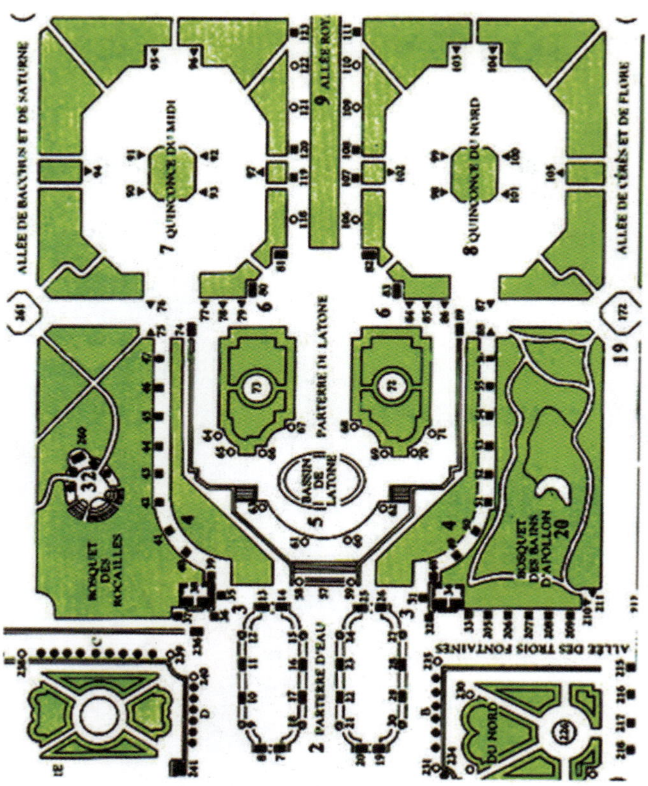

Plans du bassin de Latone et de ses alentours dans les jardins du château de Versailles.

« N'oublions jamais que tout a commencé par une souris », avait coutume de dire Walt Disney. Premier arrivé, premier servi : le tout premier dessin animé parlant, c'est déjà Mickey (*Steamboat Willie*, 1928). Suivi, depuis des décennies, d'une déferlante d'oscars (près de 60, sans compter les nominations), de bandes dessinées par milliards d'exemplaires, encore et toujours Disney®©, l'imbattable, l'increvable, le rouleau compresseur de l'*entertainment*, avec Mickey en icône absolue, totem totalitaire d'un empire de médias et loisirs sans équivalent. Disney empereur, monarque absolu... Monarque de droit divin ? La question mérite d'être posée : le père de Walt, l'« ami public n°1 », n'était tout de même rien de moins que... pasteur de l'église congrégationaliste Saint-Paul, d'une famille aux lointaines origines françaises, « Disney » étant la contraction anglicisée de « d'Isigny ».

Dans la monarchie de droit divin, le pouvoir est légitimé aux yeux du peuple (ici, on dirait plutôt du « public ») par la « volonté » d'une divinité à laquelle le roi s'identifie ; on prétend, par exemple, qu'il a le pouvoir miraculeux, divin, de guérir certaines maladies... En France, Louis XIV voulut voir rayonner cette monarchie à partir d'un lieu centralisé, le château de Versailles. Les jardins en furent dessinés par Le Nôtre, sous son étroite surveillance, le roi ayant demandé « le détail de tout ». Ce qu'il obtint naturellement. Sur les

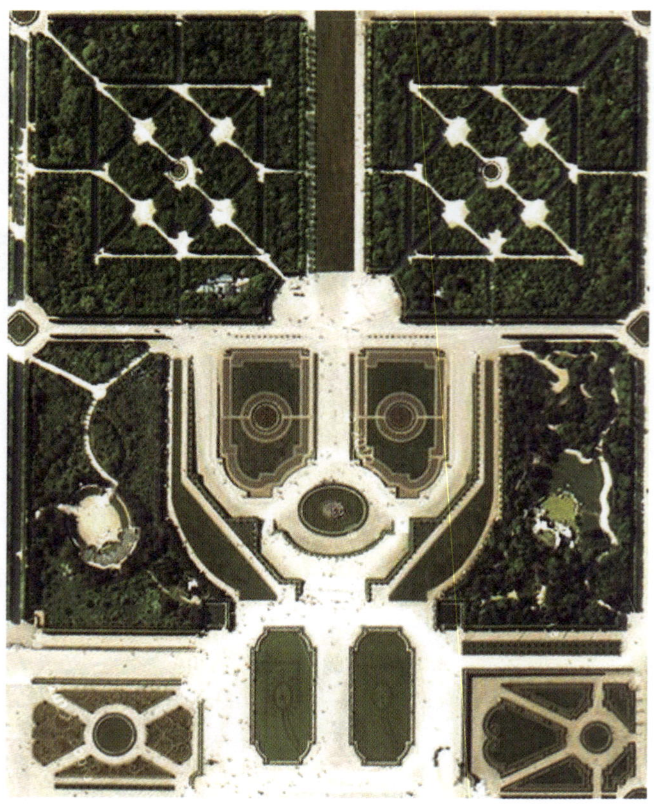

plans du château et de ses jardins, c'est sa chambre qui est l'épicentre géométrique de tout l'ensemble. Et devinez ce que Louis XIV voyait de sa fenêtre en se levant le matin ? La tête à Mickey ! Une coïncidence ? Bien entendu, on n'imagine pas vraiment Louis XIV en créateur graphique de Mickey Mouse (ou alors Disney®© aurait quelques menus arriérés de royalties à reverser au bon royaume de France...).

O.GROJ

Et pourtant, cette sacrée coïncidence – cette coïncidence sacrée, même – aura fait tourner quelques têtes. Dans un ouvrage paru en 1992 aux éditions Montorgueil, *Miqué – Les oreilles de Dieu*, Lafcadio Mortimer, « artiste- philosophe », nous propose une lecture plus qu'audacieuse de cette sacrée coïncidence. Selon lui, l'organisation du château de Versailles et de ses jardins a été conçue en éléments architecturaux agencés trois par trois, figures récurrentes de la Sainte-Trinité. Et cette « tête de Mickey », sciemment disposée juste en face du centre de ce dispositif, serait donc la représentation du Père, du Fils et du Saint-Esprit, dans une figure géométrique appelée « triscèle » (trois cercles disposés en triangle). Tout cela ne serait donc qu'une sorte de bonne farce mystique du Roi-Soleil… Un brin mégalomane, ce qui ressemblerait bien à ce bon vieux Louis XIV...

Mais l'auteur de *Miqué – Les oreilles de Dieu* ne s'arrête pas en si bon chemin. Il relève aussi la figure des trois cercles disposés en triangle en à peu près tous les lieux et toutes les civilisations (il y a même un chapitre intitulé « Mickey et l'Atlantide » !), cueillette dont voici un petit échantillon :

Triskèle dextrogyre en spirale.

Triskel basé sur ceux du casque gaulois d'Amfreville.

Triskèele Newgrange (Irlande).

Haut rosace Notre-Dame de Paris.

Logo Crédit Mutuel.

Notre savant crypto-sémiologue s'appuie donc sur la figure de Mickey pour affirmer que l'emprunt graphique supposé de Disney au patrimoine légué par Le Nôtre, le jardinier de Louis XIV, ne serait en fait que la prolongation d'une multitude d'autres triscèles symbolisant Dieu et utilisés, eux, depuis l'Antiquité. Admettons. Sauf que, par exemple, le triskell breton n'a pas à proprement parler de vraie signification ésotérique reconnue. Sur les mégalithes, c'est tout au plus un ornement dont les significations possibles ont pu être variées : le cycle de la vie (enfance, vie adulte, vieillesse), les trois éléments (ciel, air, terre) ou encore la course du soleil. Sacré, oui. C'est sûr. Divin, ça reste à prouver.

Mais pour Lafcadio Mortimer, cette multitude de triscèles démontrerait bien l'idée que le succès universel de Mickey tiendrait à la résonance subconsciente – et donc par nous tous ignorée – d'un « langage de l'inconscient cosmique ». Selon une « théorie générale des signes » (la « pansémiotique »), Dieu se manifesterait à travers de multiples signes inconsciemment répercutés par les humains dans leur représentation du Créateur. Théorie sur laquelle tout ce raisonnement se fonde pour nous parler des « oreilles de Dieu » comme étant sans aucun doute possible celles de Mickey. Wow ! Mickey, c'est donc Dieu ! Non, mais Dieu, quoi, les amis ! Ça expliquerait donc tout !!! Heu… mais quoi, au fait ? Eh bien, c'est très clair : « L'assimilation de Mickey à un symbole ancien représentant la divinité pose à l'évidence le problème de l'être conscient à l'inconscient. […] Le cosmos sème sur notre route des signes qui permettent de l'appréhender. » Antonin Artaud avait eu le même genre d'approche[1] en découvrant une peuplade indienne, les Tarahumaras, « un pays plein de signes » dont il se plaisait à penser que « le symbolisme dissimule une science ». Une science ! Rien que ça… Compte tenu des fréquents séjours en hôpital psychiatrique d'Antonin Artaud, il est à craindre que son intuition scientifique n'eût été sujette à caution s'il avait soumis ce dossier à l'Académie...

Ayant trouvé ce portrait hypothétique de Mickey dans les plans des jardins de Versailles, la recherche éperdue d'autres figures aux formes apparentées se sera transformée pour l'auteur de *Miqué – Les oreilles de Dieu* en une quête aux limites de la folie. On peut reconnaître que quelques autres coïncidences troublantes de ce dossier en auraient agité plus d'un. Par exemple, que ces fameux trois cercles disposés en triangle (triscèle) aient parfois été la signature, le sceau, de Michel-Ange. Que Lafcadio Mortimer réorthographie dès lors « Mickey l'ange »…

Ou encore le fait qu'un architecte (remplaçant) du Petit Trianon de Versailles, peu éloigné du « visage de Mickey », se soit appelé M. Richard Mique ; nom aussitôt réorthographié Miqué… Bref, des dizaines d'autres tripatouillages opérés par l'auteur, tels que « Trianon » renommé « Tri a nom » comme évocation manifeste de la Sainte-Trinité, ont de quoi laisser songeur… Plus cruel à relever, l'analyse de présence de grenouilles sculptées sur le bassin de Latone

(1) Dans le registre des délires de surinterprétation, on citera aussi *Inferno* d'August Strindgberg, Gallimard coll. « Tel ».

(qui correspondrait au nez de Mickey) lui fait écrire qu'elles sont disposées là «afin sans doute de remémorer ce cri : croâ, croâ = crois, crois… […] C'est le cri du croyant que poussent ces grenouilles de bénitier». Aïe, aïe, aïe ! Là, on pense aux figures de l'alchimiste persuadé d'avoir trouvé la pierre philosophale qui transforme le plomb en or ou au dix millième inventeur du concours Lépine se présentant avec le dix millième mouvement perpétuel foireux.
On notera en tout cas que certains éléments géométriques des plans des jardins de Versailles étaient déjà présents

Vue aérienne des jardins de Vaux-le-Vicomte (détail).

à Vaux-le-Vicomte, autres jardins que Le Nôtre avait précédemment dessinés pour le surintendant Fouquet. On y découvre encore notre fameuse «tête» mais… sans oreilles. Deux yeux, un nez. Ce qui revient à peu près au même que de voir une paire de moustaches dans le panneau de signalisation «attention bosse sur la chaussée».

Dos d'âne ou Staline-Dieu ?

Il s'avère donc impossible d'affirmer quoi que ce soit de clair dans cette affaire de Mickey divin. Au mieux un joli hasard, au pire une belle supercherie intellectuelle dont on ne peut définitivement pas déduire quelque théorie que ce soit. Juste une anecdote surprenante pour étonner ses amis, ce qui n'est déjà pas si mal. Pour le reste, si un dieu existait – un «dessein intelligent» –, serait-il raisonnable de tenter d'en établir un portrait-robot banalement anthropomorphique (nez, yeux, oreilles), quand il s'agirait, en toute hypothèse, d'une Entité évoluant dans des dimensions sans aucune mesure ni rapport avec nos pauvres codes de représentation dérisoirement humains ?

Alors ? Divin ou pas divin, Mickey ? Canular pataphysique(2) ? Le *Da Vinci Code* version *comics* ?
Mic-key, la clef de Dieu ? Alors Dieu, il s'appellerait Mic ? Bigre ! La conclusion la plus sage à apporter à toutes ces angoissantes questions nous est sans doute fournie par Anaïs Nin : «Nous ne voyons pas les choses comme elles sont mais comme nous sommes.»

(2) Pataphysique : parodie des théories scientifiques par l'absurde, le non-sens, «science des solutions imaginaires» (Alfred Jarry).

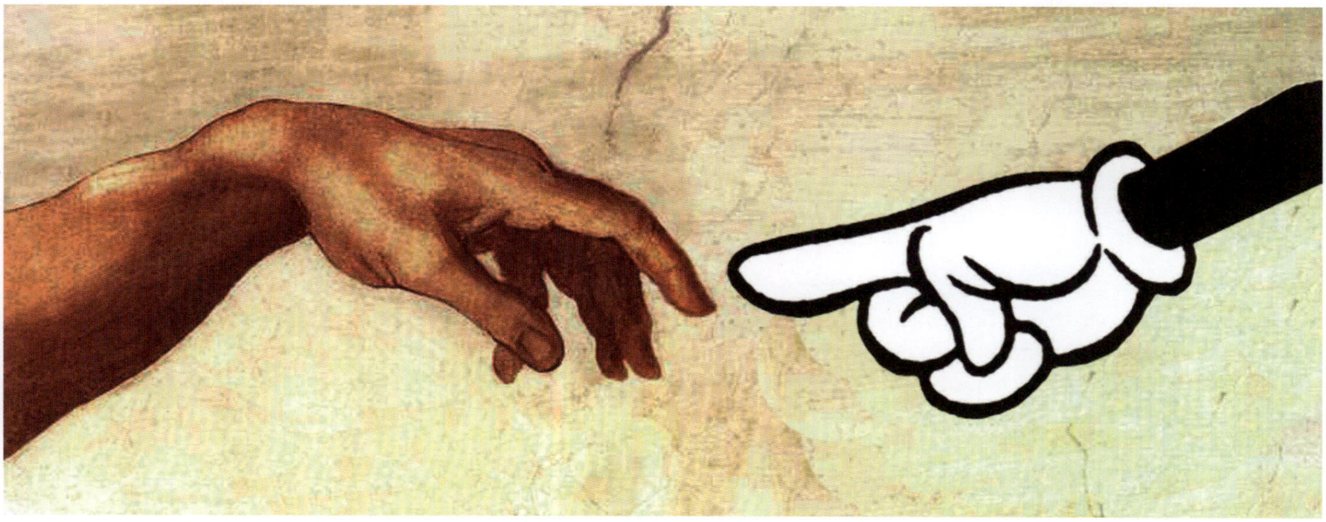

Tintin

Le secret du *Secret de la Licorne.*

Hergé, 1929

L'histoire secrète du cas Georges Remi, dit Hergé, l'auteur de *Tintin*, serait digne de figurer parmi les cas psychanalytiques les plus fameux, au moins pour les amateurs de bandes dessinées. Si Hergé ne souffrait pas des symptômes aigus du névrosé (constamment dans la plainte, les récriminations et les règlements de comptes, par exemple), il s'est néanmoins retrouvé l'héritier d'une histoire familiale des plus biscornues qui a bien, elle, joué à plein sa partition, dans toutes ses dimensions « névrogènes ». Et comme dans un bon roman policier, c'est autant l'enquête qui mène à la découverte de la vérité que la vérité elle-même qui captive par son enchaînement logique, grisant de cohérence.

1. Un crime ; 2. des suspects ; 3. une enquête (avec ses inévitables fausses pistes) ; et 4. un coupable finalement démasqué. Cette présentation sommaire des étapes d'un roman policier ne pourrait-elle effectivement pas s'appliquer aussi à toutes les « enquêtes » psychanalytiques ?

1. Un crime : la névrose et ses immenses dégâts, « criminels » si l'on veut bien considérer qu'une personnalité est comme assassinée par les troubles associés au(x) traumatisme(s) refoulé(s). Le crime est entendu ici comme une « violation grave de la loi morale » venue anéantir l'équilibre psychique du sujet.

2. Des suspects : papa et maman, forcément[1]. Et leurs papas et mamans à eux. Quel serait leur mobile ? Ont-ils un alibi ?

3. Une enquête : l'analyse de la psyché, plus connue sous le nom de psychanalyse, « investigation ayant pour but de ramener à la conscience des sentiments obscurs ou refoulés ». Ce travail se fait par la parole, le langage, comme dans un interrogatoire de police (« Tu vas parler, oui ? »), sauf que là celui qui parle le fait librement (« il fait plus clair quand quelqu'un parle »). Ce qui nous amène à :

4. Un, une ou des coupable(s) finalement démasqué(s). Son/leur identification a donc permis au sujet de faire émerger ce qui était caché, et qui le faisait tant souffrir. Les racines du mal apparaissent. Si ce n'est pas une garantie absolue de guérison dans tous les cas, loin de là, le maintien des racines du mal qui resteraient cachées *ad vitam aeternam* dans l'inconscient est bien, lui, une garantie absolue de trouble mental.

L'enquêteur du cas Hergé se nomme Serge Tisseron, psychanalyste, et ce sont les étapes successives de ses recherches qui ont mené à la toute première révélation du secret d'Hergé qui est aussi, à bien des égards, le secret de *La Licorne*. Voici à grands traits l'historique de sa découverte : en lisant et relisant les aventures de Tintin, Tisseron relève un certain nombre de bizarreries qui convergent toutes vers la « question du père » et, qui plus est, d'un père apparemment disparu ou illégitime. Il publie en 1985 *Tintin chez le psychanalyste* où il expose son hypothèse, ouvrage qui lui vaut… d'être vilipendé par la critique : « élucubrations ! », « fumisterie ! »…

Mais, coup de théâtre, trois ans plus tard deux Belges, Thierry Smolderen et Pierre Sterckx, publient *Hergé, portrait biographique* (Casterman, 1988), la longue enquête qu'ils ont consacrée à l'auteur de *Tintin*. Au détour de quelques lignes, ils y exhument des éléments généalogiques de la famille d'Hergé, les Remi, jusqu'alors inconnus… et qui recoupent de façon exacte les hypothèses qu'avait avancées Serge Tisseron sans disposer, lui, d'aucun élément de cette généalogie ! Celui-ci publie alors en 1990 une version dûment remaniée de son ouvrage sous le titre *Tintin et le secret d'Hergé*, un remaniement permis par les nouvelles informations historiques qui ont été mises au jour. Mais que révélait donc l'enquête journalistique venue au secours du « psy » brocardé ? De quelle façon les hypothèses qu'il y avançait purent-elles se trouver confirmées ?

Cette enquête révélait que le petit Georges Remi avait dû, toute son enfance, supporter le silence plus que pesant dont sa famille entourait l'identité de son grand-père paternel. Une question qui rendait le père d'Hergé mutique et qui, pour le jeune Georges qui ne s'appelait pas encore Hergé, avait fini par devenir obsédante à force de ne pas trouver de réponse claire. Une ascendance illégitime ? Dans ce cas, pour Hergé, cela ne pouvait dire qu'une chose, horrible : son père était un bâtard et lui un fils de bâtard. Dans ce milieu petit-bourgeois et catholique de la Belgique des années 1910-1920, voilà bien une marque d'infamie dont ce petit garçon très idéaliste se serait bien passé. La lecture de *Sans famille* d'Hector Malot où, par coïncidence, le petit héros s'appelle Remi n'avait sans doute fait qu'ajouter à son angoisse[2].

(1) Notons que la plupart du temps, papa et maman, malgré leurs lourds dossiers, sont déclarés non coupables et/ou acquittés pour circonstances atténuantes.

(2) Un petit garçon « sans famille » accompagné d'un petit caniche blanc… (« Je m'appelle Remi, je suis sans famil-leu… », nous disait la chanson du dessin animé des années 1980).

O.G

Et si son grand-père biologique ne s'appelait pas « Remi », qui était-il vraiment? Voilà la question existentielle qui mettait le petit Georges au supplice. Était-ce un aristocrate, comme cela transparaissait à demi-mot dans les messes basses familiales? Mais qui ? « On ne te le dira pas, cela te monterait à la tête », fut en substance la seule réponse qui lui fut fournie. Mais occulter ainsi l'origine de son nom de famille au détriment de sa véritable origine revenait – littéralement – à remettre sa propre identité en cause : le langage populaire ne dit-il pas de quelqu'un qui sombre dans la folie qu'il « ne sait plus comment il s'appelle » ? Le nom de famille que l'on porte est une des clefs de la représentation sociale, qui se doit donc d'être sans tache. Et voilà comment, en l'absence d'information, cloué sur place par ce secret de famille, l'idée s'était installée insidieusement dans l'inconscient du petit Georges qu'il n'était autre que… le petit-fils du roi des Belges, Léopold II. Un souverain d'ailleurs connu pour ses « amours ancillaires » (plus vulgairement dit : « niquer les bonniches »). Héritier d'une lignée royale !? Aux grands maux les grands remèdes !... Pirouette inconsciente sensément salvatrice mais qui n'offrit qu'un sursis bien bancal à Georges Remi avant de l'enfoncer complètement, bien des années après, dans une crise gravissime : cauchemars incessants, impossibilité de se mettre au travail (malgré la gloire), toutes choses qui menèrent Hergé sur le divan d'un « psy » disciple de Jung où, après une unique séance, il se déclara à maintes reprises comme ayant été libéré par une simple phrase de l'analyste : « Il faut chasser de vous le démon de la pureté. »

Il n'y a pas moins de quatre candidats possibles pour endosser le rôle du grand-père biologique d'Hergé : le premier est un dénommé Alexis Coismans, qui se rendit à la maison communale pour déclarer la naissance du père d'Hergé et de son frère jumeau, mais pour y préciser qu'ils étaient… de père inconnu ! Si l'acte de baptême le désigne bien comme étant le père, il disparaîtra bizarrement aussi sec de la vie de ses deux soi-disant rejetons. Ce qui laisse soupçonner qu'il ait pu être instrumentalisé. Car lorsqu'elle tomba enceinte, la grand-mère d'Hergé travaillait au château de Chaumont-Gistoux (préfiguration de Moulinsart) au service des comtes de Dudzeele. L'immense générosité financière de la comtesse, qui finança les études des jumeaux bâtards *comme s'ils étaient de son sang* la désigne de fait comme ayant ainsi voulu réparer les frasques sexuelles de son mari – second grand-père possible d'Hergé –, voire de son fils – troisième grand-père possible. Ou, quatrième et dernier, Léopold II en personne, qui fréquentait le château de la famille de Dudzeele et était réputé, on l'a vu, pour céder souvent à ses pulsions sur les bonnes qui passaient à sa portée.

La façon passionnelle dont tous les spécialistes d'Hergé se sont emparés, et même parfois déchirés autour, des hypothèses possibles sur l'identité du fameux grand-père nous éclaire quant à la façon dont Hergé enfant en aura lui-même inévitablement débattu en son for intérieur.

Retenons deux choses : le seul individu dont personne ne songe à faire de lui un grand-père est justement celui dont il porte le nom de famille : Remi. Ce M. Philippe Remi n'avait que douze ans quand le père d'Hergé et son frère jumeau sont nés : *out*. Le mariage blanc avec la grand-mère d'Hergé, vingt-et-un ans après la naissance des jumeaux bâtards, est avéré. De pure convenance. Deuxième chose : « Là où croît le péril croît aussi ce qui sauve. » En ce qui concerne le grand-père d'Hergé, le péril est bien sûr la bâtardise et ce qui sauve, la réparation de cette douleur ; peu importe dès lors la réalité historique ou des tests ADN qui ne se feront jamais : la seule chose qui compte, c'est la « vérité » subjective d'Hergé, imaginaire, en grande partie inconsciente, qu'il s'est construite de toutes pièces.

À partir de là, on comprend mieux la nature de sa vision du monde, vision qui lui a été si souvent reprochée : mais comment ne pas être monarchiste, colonialiste et réactionnaire (et donc si maladroitement humaniste, aussi) si l'on se sent dépositaire d'une lignée royale, fût-elle imaginaire ? Il était là, le « démon de la pureté »... Mais avec quelle réussite ! Car Hergé a bel et bien accédé au trône belge : il est devenu le roi de la bande dessinée de son plat pays.

Ce qui reste le plus remarquable dans cette histoire, c'est l'incroyable énergie déployée pour réparer l'affront généalogique, et que les effets de cette « névrose de mission » se soient manifestés et incarnés de façon tellement spectaculaire dans un personnage, Tintin, et une saga à l'origine pourtant si intime, mais devenue rien moins qu'un mythe universel. *Le Secret de la Licorne* est l'épisode qui est le plus traversé par la problématique du « bâtard de sang royal » puisque le chevalier François de Haddoque, après lequel Tintin et son ami capitaine cavalent pendant deux albums, est clairement identifié comme étant un fils illégitime de Louis XIV, le Roi-Soleil, qui renvoie donc aussi au Dieu-Soleil du diptyque *Les 7 Boules de cristal – Le Temple du soleil*. Sans parler du *Sceptre d'Ottokar*, où Tintin sauve le trône du roi de Syldavie, et tous les autres multiples signaux pareillement disséminés à l'insu même de leur auteur dans les albums des aventures de Tintin, comme autant de SOS jetés sans relâche à la mer.

Qu'un psychanalyste ait pressenti l'existence d'un secret de famille sans avoir, au départ, aucun élément historique à sa disposition, voilà bien la double démonstration faramineuse de la puissance de l'inconscient, et de la capacité d'un (excellent) professionnel à pouvoir la décrypter avec méthode. Non ?

O.G

Popeye et Olive

Guerre des sexes, 1-0 à la mi-temps.

Segar, 1929

Popeye a tous les défauts : menteur, joueur, irascible, susceptible. Mais c'est aussi un cœur tendre : ne déclare-t-il pas que « les femmes, c'est la chose la plus importante après les épinards » ? De même, sa déclaration d'amour à Olive nous arracherait presque des larmes des yeux :

Olive : J'adore faire la cuisine.

Popeye : Moi j'adore manger ! C'est pourquoi on devrait s'marier.

C'est l'historien de la bande dessinée Francis Lacassin qui a le mieux défini le petit monde de *Popeye* : « Le secret de la fascination de cet univers dédié à la hideur et à la violence est que ceux qui s'y meuvent ont le droit d'accomplir tout ce qui est interdit dans la réalité sophistiquée et policée : dire crûment à ses semblables ce que l'on pense d'eux. Ne pas être poli avec les dames[…]. Être brutal avec ses parents. Déguster son potage en faisant du bruit. Manger avec ses doigts. » Tant et si bien que l'éditeur de cette bande dessinée (Randolph Hearst, qui servit de modèle au *Citizen Kane* d'Orson Welles) sera contraint de demander à l'auteur de se calmer un peu…

Le saviez-vous ? Popeye doit son nom à une infirmité : « pop eye » veut dire « œil éclaté ». Olive Oyl est donc la fiancée d'un marin borgne. Si l'amour rend aveugle et que Popeye n'est que borgne, voilà qui pourrait expliquer bien des choses ; car Olive est aussi, à l'occasion, une femme battue. Des châtiments corporels qui devaient réjouir au plus haut point les lecteurs des années 1930-1940 de la bande dessinée *Popeye*, tous plus ou moins ouvertement adeptes du dicton : « Bats ta femme trois fois par jour, si tu ne sais pas pourquoi, elle le sait. »

Quoi qu'il en soit, Popeye n'hésite donc pas à tabasser Olive sous divers prétextes, même les plus futiles ; par exemple, quand elle dit du mal de son pôpa à lui, un type encore bien plus violent et vulgaire que son fils. « La femme est l'avenir de l'homme », a dit le poète, mais – et c'est bien ennuyeux – les hommes n'ont pas du tout l'air au courant ! Tout comme Olive Oyl, « la » femme reste, jusqu'à aujourd'hui, reléguée aux tâches domestiques (comme si c'était sa place naturelle…), dominée, exploitée, en surcharge chronique de corvées ménagères, et victime de la double peine : déjà, dans – au moins – 50 % des cas, elle épouse un gros macho borné ; mais c'est dans 100 % des cas qu'elle est plus ou moins supposée être au minimum un peu plus bonniche que son homme.

La revanche domestique de la femme face à cette situation, c'est de se transformer automatiquement en mégère dans les cinquante mètres carrés de l'espace conjugal, pour faire enfin payer à son salaud de mec le prix de sa turpitude. Et de « porter la culotte » à son tour (comme on dit). C'est-à-dire se transformer en bonhomme à la place de son bonhomme. Une inversion des rôles où Olive a, au fond, bien plus à perdre qu'à gagner : elle court le risque d'y perdre son âme de fââââmme, femme ni pute ni soumise, amante et partenaire. Face à ce dilemme aux allures d'impasse – se soumettre à l'homme, ce qui est vraiment trop triste, ou prendre le pouvoir à sa place, ce qui est peut-être encore plus triste – la cause des femmes n'est pas perdue pour autant. Ce n'est qu'une question de patience…

La guerre des sexes devrait quand même bien se terminer un jour et les rapports entre hommes et femmes finir par se pacifier. Tout devrait donc finalement pouvoir s'arranger. D'ici dix ou vingt mille ans si tout va bien, au rythme où les choses progressent. Restons donc optimistes.

ARRÊTE! RETIENS TA LANGUE SI TU NE VEUX PAS QUE JE TE TORDE LE COU AVEC. TU NE PEUX PAS PARLER COMME ÇA DE MON POPA
SEGAR
J'AIME MON POPA ET JE LE DÉFENDS!
WHOP
WHOP
WHOP
SEGAR
10-13

O. GROJ

Betty Boop

L'oscar de la potiche.

Studios Fleischer, 1930.

Étonnant, très étonnant que ce soit au pays du puritanisme le plus pudibond qu'est née la toute première icône dessinée « sexy », quelques années avant celles de Tex Avery. Le début d'une longue lignée. La carrière de Betty Boop en bande dessinée fut bien moins importante qu'en dessin animé, mais son physique singulier a marqué les deux genres et vaillamment collaboré à l'élaboration des canons de la *pin-up*(1), toujours en vigueur. Son apparition en pleine dépression économique est sans doute symptomatique d'une société exagérément corsetée qui aurait trouvé là son défouloir, sa soupape (n'oublions pas la Prohibition, de 1919 à 1933). À partir de Betty Boop, les *pin-up* se livrent à un exercice d'équilibrisme héroïque qui consiste à se contorsionner entre un déshabillé suffisamment aguicheur pour être excitant et un costume suffisamment habillé (et donc « innocent ») pour échapper à la censure et masquer la charge sexuelle derrière un mince paravent de « Allez, quoi, on a bien le droit de se rincer l'œil gentiment, on n'est pas de bois, c'est la nature ! ».

C'est le « gentiment » invoqué qui légitimera le tsunami des *playmates*, *cover-girls* et *pin-up* « bettyboopiennes » à l'échelle industrielle d'une nation connue pour sa démesure. Un imaginaire formaté, codifié (gabarits des minois, des coiffures, du maquillage, des poses…), qui va envahir la planète en un clin d'œil. La minauderie est le caractère le plus saillant de la *pin-up,* cette image « moderne » de la femme. Car la censure veille au grain. Pour la contourner, cette représentation de l'érotisme s'adjoint un appendice inattendu censé désamorcer son caractère lubrique : l'enfance. La voix de Betty Boop en atteste, calquée sur celle d'une actrice en vogue dans les années 1920, Helen Kane, à la voix si haut perchée qu'elle en était parodiquement infantile. Cette infantilisation exempte les apprentis pornographes des studios Fleischer du soupçon d'infamie qui aurait pu leur coller aux basques. Lors d'un procès ayant opposé les patrons desdits studios à un fabricant, sans autorisation, de poupées Betty Boop, le juge chargé de l'affaire en fit une description sans équivoque : « Une grosse frimousse de bébé, des grands yeux ronds aguicheurs, une bouche boudeuse, très bas dans le visage, un menton imperceptible, une poitrine mûre ; c'est un mélange d'enfance et de maturité, d'innocence et de sophistication(2). » On ne saurait mieux dire. Ces caractères ne surgissent pas du néant, ils seraient même, de l'avis d'éthologues aussi éminents que Konrad Lorenz ou Desmond Morris, un trait dominant de l'espèce humaine, la néoténie : « Dans le cas de la néoténie (un type de pédomorphose), l'organisme croît jusqu'à une taille adulte normale mais conserve des caractères juvéniles(3). »

Quel rapport avec Betty Boop ? C'est que ce sont précisément ces caractères (juvéniles) qui expliqueraient à eux seuls la désirabilité de la femme, son potentiel d'attirance sexuelle (*the famous « sex appeal »*…). Konrad Lorenz affirme même que ces traits « juvénilisés » produisent chez l'être humain un réflexe pavlovien d'affection spontanée, immédiate. C'est le style bébé qui ferait craquer. Qu'un bébé soit plus mignon à contempler qu'un vieillard n'étonnera pas grand monde. Que certains traits (le front bombé, etc.) aient pu, dans l'évolution, favoriser la pérennité de l'espèce, pourquoi pas ? Mais qu'une femme qui présente les caractères d'un bébé en soit automatiquement rendue plus séduisante, voilà un trait de caractère à l'universalité plus douteuse, sauf à considérer que l'humanité entière serait atteinte du syndrome de Peter Pan(4) et que la néoténie, comme caractère irrépressiblement attractif, concernerait aussi bien les hommes que les femmes. Mais l'absence de menton chez un homme ne le rend pas plus sexy (menton fuyant *vs* menton volontaire), pas plus qu'un nez minuscule (on se souvient des tentatives

(1) *Pin-up girl* : littéralement, « fille que l'on épingle » (sur un mur, un camion, une porte de vestiaire, etc.).

(2) Leslie Cabarga, *Betty Boop, Popeye et Cie*, Fantasmagorie-Artefact, 1980, p. 59.

(3) http://www.futura-sciences.com

(4) Le syndrome de Peter Pan (abrégé en SPP), parfois nommé complexe de Peter Pan ou *puer aeternus,* est une expression utilisée pour désigner l'angoisse liée à l'idée de devenir adulte et le désir associé de rester enfant, et plus généralement pour caractériser un adulte immature, en référence au personnage éponyme du *garçon qui ne voulait pas grandir* créé par J. M. Barrie.

O. GROJ

pathétiques de Michael Jackson pour supprimer ce tarin bien trop viril à son – mauvais – goût). Bref, dans cette affaire, on a la désagréable impression d'être en présence d'une pure construction culturelle. Il ne semble pas, en tout cas, y avoir de raison objective, scientifique, qui permettrait de considérer que la femme-enfant manifesterait la destinée «naturelle» de la condition féminine. Ni physiquement ni psychologiquement. Que les industries du divertissement considèrent qu'il s'agit d'un cliché commercialement juteux est une tout autre histoire («si c'est une intello, les gens vont s'emmerder»). Sans compter les industriels du cosmétique, du textile et de la publicité... Une histoire multiséculaire, dont Betty Boop n'est en fait que l'ultime avatar.

Maintenant que nous avons fait un sort à sa part d'enfance, *quid* de sa part de sexe? La femme *est* sexe, comme une abondante littérature pseudo-scientifique nous l'avait affirmé, au XIXe siècle... Les créateurs de Betty Boop en auraient été les premiers surpris: «Nous ne faisions que dessiner un adorable petit personnage[5].» «Adorable», et «rigolote», pourrait-on ajouter. Bien. Accordons-leur le bénéfice du doute. Et pourtant... Il s'agit tout de même de la façon dont la moitié (masculine) de l'humanité se représente l'autre moitié (féminine). Et la forme idéale du fantasme féminin chez l'homme, ce serait Betty Boop. Hors fantasme, si vous n'êtes ni mère ni épouse, point de salut: vous n'êtes plus qu'un sexe[6]. Vision binaire: la maman ou la putain. Comme si, depuis Ève, toutes les femmes étaient vouées au péché, à la perversion de l'innocence masculine. On reste atterré à la lecture du recensement des sommités littéraires qui ont prêté le flanc à ce délire collectif: Flaubert, Zola, Huysmans, les frères Goncourt, pour ne citer que les auteurs du XIXe siècle pointés dans un ouvrage intitulé *Cette femme qu'ils disent fatale*[7]. Où l'on découvre qu'à leurs yeux, la femme, c'est bien la Bête. La prose du philosophe autrichien Otto Weininger mérite le détour, tant elle semble avoir influencé ses contemporains par son approche prétendument scientifique: «De même que les organes sexuels sont du point de vue physique le centre de la femme, l'idée sexuelle est au centre de sa nature mentale – la femme est sexuelle seulement, l'homme est *aussi* sexuel – la femme est sexuelle de manière continue, l'homme ne l'est que par intermittence [...]. Enfin, tout comme son corps entier n'est qu'une dépendance de son sexe, l'idée du coït est le centre de sa pensée[8].» Après ça, comment voulez-vous octroyer à Betty Boop et à ses sœurs un statut de pleine citoyenneté? Tchadors et burqas (réels ou symboliques, l'Occident n'est pas si à la traîne que ça dans cette histoire) seront de mise. Betty Boop et la *pin-up*, constructions culturelles, projections masculines d'un féminin apparemment terrifiant. Le côté enfantin des femmes-bébés/BB (de Betty Boop à Brigitte Bardot – ou Marilyn Monroe, à une époque où l'on ne parlait guère de pédophilie) visait à désamorcer la menace de la femme fatale («fatale», par définition: «cause de malheur, de ruine et de mort»). Ces gentilles lolitas se distinguent des Greta Garbo, Marlene Dietrich: les *pin-up* sont des femmes objets manipulables, alors que les femmes fatales sont des femmes sujets, qui ont prise sur leur destin. Pin-up femme objet (morte en tant que sujet) ou femme sujet (mortelle pour les hommes). Super-choix! Mais la *fatale* peut aussi singer l'enfant pour manipuler l'homme, ou même être enfant parce qu'elle est femme. Tous les théoriciens de la féminité au XIXe siècle (et ceux qui étudièrent les prostituées) soulignent que «la femme» reste enfant toute sa vie, car sa maturation s'arrête avant celle de l'homme: pour Schopenhauer, «elles restent toute leur vie de grands enfants, une sorte d'intermédiaire entre l'enfant et l'homme». Et si elles aiment se parer, jouer, chanter, danser, mentir, c'est parce que ce sont des caractéristiques de l'enfant. Des préjugés qui ont la vie dure.

Une combattante émérite de la cause féminine s'est livrée à l'orée des années 1980 à une expérience édifiante: elle s'est «déguisée en femme». Quelque temps après avoir été violée, Virginie Despentes se prostitue sur les réseaux électroniques naissants. Elle décide de donner corps à son nouveau gagne-pain en arborant tous les attributs dévolus à son activité: cheveux blonds, minijupe, décolleté, talons hauts. La description qu'elle fait de l'effet produit est saisissante: «J'ai tout de suite aimé l'impact que ça me donnait sur la population masculine, avec le côté exagéré, limite grosse farce, changement de statut notoire [...]. Ça faisait penser à Wonder Woman qui tournicote dans sa cabine téléphonique et en ressort en super-héroïne [...]. Entrer dans les magasins, dans le métro, traverser une rue, s'asseoir dans un bar. Partout, attirer des regards d'affamés, être incroyablement présente. Détentrice d'un trésor furieusement convoité, mon entrecuisse, mes seins, l'accès à mon corps prenait une importance extrême. J'étais devenue un jouet géant [...]. Aucun besoin d'être un mégabombasse, ni de connaître des secrets techniques insensés pour devenir une femme fatale... Il suffit de jouer le jeu. De la féminité [...]. Ce processus m'a fascinée, au début. Moi qui m'étais toujours contrefoutue des trucs de filles, je me suis passionnée pour les talons aiguilles, la lingerie fine et les tailleurs. Je me souviens de ma propre perplexité les premiers mois, quand je me voyais dans les vitrines. C'est vrai que ça n'était plus seulement moi, cette grande pute à jambes allongées par les talons hauts[9].»

Qu'est-ce que vous voulez ajouter à ça?

---

(5) Leslie Cabarga, *op. cit.* p. 61.

(6) D'où des équivalences impossibles en matière de vocabulaire: un salaud, c'est un méchant; une salope, c'est une pute. Un homme à femmes, c'est un séducteur; une femme à hommes, c'est une pute. Un entraîneur, c'est un homme qui entraîne une équipe sportive; une entraîneuse, c'est une pute. Un gars, c'est un jeune homme; une garce, c'est une pute. Etc., etc.

(7) Mireille Dottin-Orsini, *Cette femme qu'ils disent fatale*, Grasset, 1993.

(8) Otto Weininger, *Sexe et Caractère (1903)*, L'Âge d'homme, 1975.

(9) Virginie Despentes, *King Kong théorie*, Grasset, 2006, p. 68-69.

O. G

Les Dupondt

Je dirais même plus : nous sommes deux idiots.

Hergé, 1934

« Un pour tous, tous pour deux ! » S'ils sont *a priori* bien belges, les Dupondt, aux yeux du public américain, mériteraient plutôt d'être français, compte tenu de cette combinaison de prétention et d'incompétence, cette frime de mousquetaires moustachus qui personnifie la France de façon si typique, si spécifique pour nos amis d'outre-atlantique... Car chez les Dupondt (un nom de famille quand même bien plus français que belge, convenons-en), ces traits de caractère confinent au divin... Voici, mesdames et messieurs, les plus mauvais policiers de l'Univers, ex aequo avec Jack Palmer, les siamois du fiasco perpétuel... Quand les Dupondt partent à la pêche à la vérité, ça ne mord jamais. Ils ont d'emblée démarré leur carrière par une succession d'erreurs judiciaires en harcelant Tintin. Qui, une fois blanchi, en brave boy-scout qu'il est (décidément pas rancunier pour un sou), en fera quand même des super-potes (!). Et à y bien réfléchir, c'était bien joué ; car pour défendre la justice, Tintin est bien plus utile et efficace à cette place-là, au plus près de ces deux désastres sur pattes, et donc mieux à même de pouvoir limiter la casse.

Par exemple, quand les Dupondt accusent de vol – à tort – des « romanichels », Tintin profite de son ancien statut de faux coupable (réhabilité) pour dire aux Dupondt : «Vous vous plantez, mes amis ! C'est pas eux qui ont fait le coup. En plus les romanichels, même s'ils vivent dans une décharge publique, sont nos frères ; c'est très mal d'être raciste, c'est péché. » Alors les Dupondt regardent le bout de leurs pompes, font amende honorable et, penauds, admettent leur erreur. Car ce sont – malgré tout – des scientifiques, c'est-à-dire des *experts* qui cherchent des preuves et ne contestent pas quand on leur démontre qu'ils se sont conduits comme des idiots. C'est-à-dire à peu près tout le temps, puisque les Dupondt sont des idiots. Tout cela accumulé nous montre que ces lascars-là ont peut-être été rangés un peu vite du côté des « gentils ». Car gentils, ils ne le sont que par la grâce du très magnanime Tintin. Mais en fait, ces mégacouillons de Dupondt restent bien, potentiellement, de sacrées ordures, des dangers publics. Si Tintin n'était pas là pour les contrôler, ils redeviendraient illico des vrais fachos, toujours prêts à embastiller des innocents.

Mais pourquoi sont-ils tellement idiots ? On se souvient que le père d'Hergé avait un frère jumeau, et que leur naissance était entachée de bâtardise. Et qu'ils étaient accablés par cette honte, comme en état de sidération. Alors à travers les Dupondt, Hergé se révolte contre cette fatalité et semble dire à son père et son oncle : « Mais secouez-vous un peu, bande d'idiots ! » Supposons maintenant que vous êtes psychanalyste, et en présence d'une énigme : il y a là deux frères jumeaux, mais dont le nom de famille diffère sur la dernière lettre : « Dupond » avec un « d » et « Dupont » avec un « t ». Peut-être qu'alors vous aurez l'idée de vous répéter ces deux lettres plusieurs fois : « D », « T », « D », « T », « D », « T »... Est-ce qu'au bout d'un moment ce n'est pas le mot « dette » qui s'imposera à votre oreille ? Et comme le type qui est sur votre divan s'appelle Georges Remi, dit Hergé, et que l'histoire qui le tourmente est celle de son père et son jumeau nés de père inconnu, nul doute que vous en arriverez vite à la conclusion que si les Dupondt sont « en DT », c'est toute l'histoire d'une dette de vie qui s'exprime dans cette orthographe codée, la dette que le père d'Hergé a contractée dès sa naissance. Ce genre de dette est transgénérationnelle, hélas. Et les dettes, d'une façon ou d'une autre, cela se paye. Par la création de personnages en charge de ses tourments, par exemple.

« Dupond » avec un « d »,
« Dupont » avec un « t ».
Deux en un :
le « T » et son Trouble,
le « D » et son Double.

D
T
O.GROJ.

Superman

Le Supère Homme.

Siegel et Shuster, 1938

Les Siegel, forme américanisée de Segalovich, sont une famille de juifs lituaniens émigrés aux États-Unis. En 1932, Mikhel, le père de Jerry Siegel, futur créateur de Superman, est abattu à bout portant dans son magasin de vêtements sur Cleveland East Side lors d'une tentative de vol. L'année suivante, après un premier « faux départ » scénaristique[(1)], Jerry Siegel, 19 ans, élabore l'archétype du premier super-héros moderne doté d'une pléthore de pouvoirs surnaturels, dont le moindre n'est pas d'être… à l'épreuve des balles. Cela paraît presque trop gros pour être vrai, de la psychanalyse bon marché, mais c'est pourtant exactement ainsi que les choses se sont déroulées : « papa meurt assassiné par arme à feu et je le ressuscite, indestructible, imperméable aux balles[(2)] ». Et on est bien là au cœur, dans l'essence même des ressorts du mythe : permettre à l'humain de surmonter l'âpreté de l'existence au moyen d'un récit légendaire, qui raconte une histoire sacralisée. Et « sacralisé », Superman l'est, ô combien : son origine extraterrestre lui confère un statut de divinité, qui entre en résonance avec le judaïsme de ses deux créateurs (son nom « kryptonien » – Krypton étant sa planète d'origine – est « Kal-El », et il débarque sur la Terre, encore bébé, dans une fusée-berceau digne du panier dans lequel Moïse fut abandonné aux bons soins du Nil). C'est sans doute aussi d'un complexe typiquement juif que naît Superman, comme un David moderne contre des Goliaths apparemment invincibles, comme en écho à l'histoire fameuse d'un petit peuple seul contre tous, et qui s'invente un allié divin – avec une sorte de contrat d'exclusivité. Voilà qui préfigurait bien l'invention de Superman par deux petits lycéens également juifs, meurtris[(3)] mais désireux d'affirmer leur vitalité et leur sens de la justice par-devers toutes les difficultés (« nous sommes faibles, Superman sera fort pour nous »). Cela étant, c'est aussi l'ardent désir d'assimilation à la nation américaine qui motive les deux auteurs, aussi Superman sera-t-il, officiellement, tout ce qu'il y a de plus chrétien, et rien que chrétien.

Après publication dans le petit magazine de leur lycée, Siegel et Shuster, en butte au scepticisme prolongé des éditeurs pressentis par la suite (« ça ne marchera jamais, votre héros en collants ! »), mettront encore cinq ans (!) pour en convaincre enfin un de publier les premières aventures de Superman. Succès immédiat, la machine est lancée : six ans plus tard, en 1944, ce ne sont pas moins de quatre cents nouveaux autres super-héros qui auront vus le jour à sa suite. Pas mal pour un concept qui était jugé sans avenir… Peu visionnaires et bien frileux dès qu'il s'agit d'innover, mais on ne peut plus grégaires dès qu'il y a de l'argent à ramasser en imitant leurs concurrents, ainsi sont faits les éditeurs commerciaux...

C'est à ce stade qu'intervient un élément d'analyse qui ne peut que troubler l'observateur attentif : avec tous ses incroyables super-pouvoirs, il serait aisé à l'invincible Superman d'œuvrer à l'édification d'un monde parfait, un monde sans Ku Klux Klan, sans Richard Nixon[(4)] ni aucun autre politicien menteur et corrompu, sans saccage écologique, sans guerres, etc. Un paradis terrestre, à portée de super-main. Or, tel n'est pas le cas. Le paradoxe n'est pourtant qu'apparent, et c'est cet aspect idéologique très marqué qu'a relevé Umberto Eco dans son « Mythe de Superman[(5)] » : « Un être doué de telles capacités et voué au bien de l'humanité […] aurait devant lui un champ d'action immense. […]

(1) Lors d'une toute première version, un savant fou créait un personnage appelé « Superman », télépathe chauve et cruel, figure du Mal absolu. Une sorte de Frankenstein. Quelques mois plus tard, Jerry Siegel reverra sa copie pour concevoir « le » Superman au service du « Bien » que nous connaissons. Une genèse en deux temps assez tortueuse, donc.

(2) Pour le sujet, « le Moi idéal est […] par définition, un semblable, et du même sexe que lui […]. Le Moi idéal représente pour le sujet un état de perfection, d'aisance, de puissance, dans un corps semblable au sien en sa connaturalité, mais plus valeureux qu'il ne l'est actuellement ». On voit bien comment ce texte de Dolto à propos de l'enfant en bas âge s'applique parfaitement au Jerry Siegel de 18 ans endeuillé : pour tout jeune garcon, le père, c'est, littéralement, un « super-homme »… À « remplacer » coûte que coûte s'il venait à faire défaut. Françoise Dolto, *Le Cas Dominique*, Seuil, 1971, p. 229.

(3) Le dessinateur, dans cette affaire, n'aura agi qu'à la suite de son scénariste, par capillarité, empathie, amitié.

(4) Richard Nixon, président des États-Unis de 1969 à 1974, anticommuniste viscéral ayant accru l'intervention américaine au Vietnam pour cette raison. Il fut impliqué dans un scandale d'écoute téléphonique de ses adversaires politiques, qui l'obligea à démissionner pour éviter d'être destitué, en raison de ses mensonges répétés. Une sale blague courait à son propos : « On a tenté une greffe d'anus sur Nixon, mais l'anus a rejeté Nixon. »

(5) Umberto Eco, Le mythe de Superman « *Communications*, 24, 1976 », « La bande dessinée et son discours », p. 38.

ONE

mais le mal, l'unique mal contre lequel se battre, lui apparaît sous les espèces des adhérents de *l'underworld*, le monde souterrain du milieu, occupé à cambrioler des banques et les voitures postales [...].

En d'autres termes, l'unique forme visible que le mal assume [dans les récits de *Superman*] est l'atteinte à la propriété privée. » Voilà pour le type de criminels qu'il faut combattre et punir, jusqu'à Hitler et Staline, quand Superman sera mobilisé lors de la Seconde Guerre mondiale pour combattre les insoutenables atteintes à la propriété privée perpétrées par les nazis et les communistes soviétiques, et tous leurs crimes contre l'humanité. Le message implicite, c'est – tout de même – que c'est bien la planète Terre qui est peu ou prou la propriété privée des États-Unis. CQFD. La doctrine de Monroe[6] théorisait explicitement cela dès 1823 pour les deux Amériques, du Nord et du Sud ; l'extension ultérieure de cette doctrine à d'autres continents fut un état de fait historique une bonne partie du XXe siècle. Dès lors, il paraît clair que la mission première de Superman est moins de défendre l'humanité dans son entier que, en tout premier lieu, les seuls États-Unis d'Amérique, ce pays incarnant, apparemment et sans aucune discussion possible, la quintessence de la société idéale. Partant de là, il n'est ni malvenu ni exagéré de remplacer le « S » de Superman, fièrement arboré sur son plastron, par le $ de dollar, le symbole le plus éminent de l'*american way of life*. Monnaie sur laquelle est d'ailleurs inscrit : « In God we trust », ce qui ne se discute pas non plus. Car Dieu c'est Dieu, et Dieu bénit l'Amérique, au cas où vous l'ignoreriez encore. Circulez, la messe est dite. « Le mode de vie américain n'est pas négociable », disait George Bush Sr. Et tant pis pour les autres nations s'il faudrait cinq ou six planètes Terre pour assurer ce mode de vie-là à l'humanité tout entière : puisque c'est matériellement impossible, ce sont bien les États-Unis qui en bénéficieront prioritairement. CQFD, bis. Les USA maîtres du monde, avec l'aide de Dieu, de Superman, de Captain America et tous leurs gentils amis body-buildés.

Si les créateurs de Superman ont, comme nous venons de le voir, soutenu, de toutes leurs forces et jusqu'à son point d'incandescence scénaristique, la défense de la propriété privée et de la libre entreprise comme fondements de la société américaine capitaliste, le moins que l'on puisse dire, c'est qu'ils n'ont pas été payés de retour. En voici l'histoire, édifiante : Siegel et Shuster cèdent les droits de leur personnage 130 $ en 1940, et sont payés 75 000 $ par an (et ce, juste pour assurer la livraison d'épisodes des aventures d'un personnage dont ils n'ont donc plus le copyright). Devant l'explosion rapide et exponentielle des bénéfices de leur éditeur, ils tentent une première fois de dénoncer leur contrat en 1946, sans autre succès qu'une aumône de 200 000 $. Une seconde action en justice en 1973 sera tout aussi infructueuse. Déboutés. Mais, finalement, en 1975, devant l'immense vague d'émotion soulevée à travers le pays par le sort de ces deux sexagénaires indigents, la Warner leur allouera royalement à chacun une pension annuelle à vie – de 20 000 à 35 000 $, selon les sources – et la prise en charge de leurs frais de santé. Autant dire quelques cacahuètes prélevées sur un Himalaya de lingots d'or. De quoi être dégoûté. Non ? Morale de l'histoire : avec Superman, nos deux pauvres gars auront défendu en toute bonne foi un système défini, en réalité, par la pure prédation et qui n'en a aucune, de morale. Allez savoir... S'ils avaient su, si cela avait été à refaire, ils auraient peut-être été plus enclins à remodeler Superman en redoutable anarchiste, pourfendeur ultime de la machine à broyer du Grand Capital... Gageons que ça aurait été bien plus surprenant et rigolo (et totalement impubliable pour un éditeur états-unien, voire même passible de poursuites judiciaires).

Bien avant toutes ces péripéties juridiques, la destinée de Superman avait depuis longtemps échappé à ses deux créateurs (plus de vingt mille pages...). De ce qui ressort de la kyrielle des super-vilains extra-humanoïdes inventés à sa suite, tous plus abracadabrants les uns que les autres, on se contentera de dire qu'ils ont tiré la série vers le fantastique et ont définitivement prouvé la force de Superman, puisqu'il est même devenu invulnérable aux scénarios de ses propres histoires.

Un superman 100 % français : Superdupont ? Non, Raël !

Mais les avatars de la saga *Superman* ne s'arrêtent pas encore tout à fait là. On se souvient que le nom kryptonien de Superman est Kal-El, et de son origine extraterrestre. Ça ne vous rappelle rien ? Entre la fin des années 1970 et le début des années 1990, un hurluberlu médaillé en toge blanche fait son apparition dans les médias français, avant d'essaimer à l'échelle planétaire, entraînant des millers d'adeptes à sa suite. Superman était Kal-El ? Lui n'est pas allé chercher son pseudonyme très loin et se fait appeler Raël (= Ra-El). On a au moins échappé à « Raoul », c'est déjà ça... LE Superman 100 % français ! Chargé par les extraterrestres de délivrer un « message pour l'humanité ».

Comme Superman, Raël revendique aussi une naissance d'origine extra-terrestre : le soir de Noël 1945, dit-il (Noël !!!

(6) James Monroe, cinquième président des États-Unis de 1817 à 1825, affirma leur volonté farouche d'exercer une influence majeure sur leur continent.

c'est le petit Jésus, quoi !), sa mère, une certaine Colette Vorilhon, se fait prétendument embarquer dans une soucoupe volante afin de – dans tous les sens du terme – « s'envoyer en l'air » avec de sympathiques E.T. puisque les visées des extraterrestres en question étaient de... « l'inséminer ». De cette union naquit le petit Claude, futur Raël, le 30 septembre 1946. Le 13 décembre 1973, il dit avoir été contacté par ces mêmes extraterrestres, les « Elohim », qui l'informèrent de ses origines, lui confiant donc un « message pour l'humanité ». Et depuis lors, Raël et sa secte n'ont eu de cesse de préparer le retour des Elohim sur terre. Selon eux, l'espèce humaine n'est pas du tout le fruit d'une longue évolution de type darwinien, mais a été implantée « telle quelle » par les Elohim. « Plus c'est gros, mieux ça passe »...

On voit souvent Raël poser auprès d'une reproduction de la soucoupe de ses soi-disant amis extraterrestres. Un engin capable en théorie d'atteindre plusieurs fois la vitesse de la lumière, de passer d'une dimension à l'autre aussi facilement qu'une Twingo change de bretelle d'autoroute, bref, une technologie ayant de toute évidence quelques millions d'années d'avance sur nous autres, pauvres humains du XXIe siècle. Sauf, sauf, qu'il y a un tout petit détail... Un petit détail qui tue, même : pour descendre de ce bijou d'hyperscientisme extraterrestre, il faut – ça, c'est ballot ! – emprunter un bête escalier dont on aperçoit ici les dix marches, agrémenté d'une jolie petite rampe. Sans doute les ingénieurs Elohim de la constellation NG'X003' bis n'ont-ils pas eu la présence d'esprit élémentaire d'inventer l'ascenseur à champ infraquantique, ces gros incapables.

Pareille déconvenue bassement matérialiste préside aussi aux destinées de Superman : qu'on songe un instant à l'étendue de ses pouvoirs... Voilà quelqu'un qui atteint la vitesse de la lumière jusqu'à pouvoir remonter le temps, quelqu'un dont la force a été évaluée comme pouvant soulever deux cents milliards de milliards de tonnes, qui peut transformer le charbon, par incandescence, en diamant, percer des montagnes, voir des objets microscopiques ou situés à des milliers de kilomètres, etc., etc. Eh bien, malgré tout ça, il a quand même besoin d'une affligeante ceinture de base pour empêcher son slip de tomber. Quelle trivialité ! Homme, sous-homme ou surhomme, on est vraiment bien peu de chose.

Raël devant la soucoupe des Elohim.

Spirou

Le plus que parfait désincarné.

Rob-Vel, 1938

Le personnage de Spirou, un groom d'hôtel roux, est créé en 1938 par le dessinateur français Rob-Vel, sur commande de l'éditeur belge Dupuis, et ce à l'occasion du lancement d'un magazine hebdomadaire de bandes dessinées pour la jeunesse. Spirou en est la mascotte, sa mission est de porter haut et fort les valeurs catholiques. Un code d'honneur des « amis de Spirou » (ADS) sera créé, qui tient en neuf points :

- Un ADS est franc et droit.
- Un ADS a du cran, il sait dire oui ou non.
- Un ADS aime la discipline libre et joyeuse.
- Un ADS est fidèle à Dieu et à son pays.
- Un ADS est l'ami de tous, mais surtout des faibles.
- Un ADS sait se rendre utile, se déranger pour les autres, se priver.
- Un ADS n'a pas peur de se salir les mains, mais veut se garder propre dans ses paroles et ses actes.
- Un ADS est toujours gai et de bonne humeur, même devant la difficulté.
- Le neuvième et dernier point concernait l'usage de la clef d'un code servant à décrypter des messages secrets paraissant dans le magazine, et que l'ADS s'engageait à ne dévoiler à personne.

Aujourd'hui, cet embrigadement naïf (« Dieu et la Patrie ») peut faire sourire, mais on ne peut pas bien appréhender le personnage de Spirou en faisant abstraction de cette genèse : Spirou est tellement parfait, gentil, positif qu'il est, de naissance et par définition, un « non-personnage », une coquille vide, un fourre-tout. L'arracher à la mièvrerie a demandé beaucoup d'efforts aux générations d'auteurs qui l'ont animé, avec des fortunes diverses. Le dessinateur le plus talentueux de la série, et qui présida à ses destinées pendant plus de vingt ans, André Franquin, s'en plaignit d'ailleurs amèrement en déclarant qu'il avait bien tenté d'en faire une sorte de « lutin bondissant », mais sans jamais parvenir à l'incarner vraiment, son côté factice et impersonnel restant trop prégnant et, tout compte fait, « inincarnable ». C'est donc surtout dans une galerie de personnages secondaires plus truculents les uns que les autres que la saga a trouvé son souffle et emporté l'adhésion de ses lecteurs. Quant à Spirou lui-même, il est tellement désincarné que c'est jusqu'à son costume qui ne signifie rien non plus depuis le début de ses aventures, puisqu'il porte un uniforme de groom mais qu'on ne le voit jamais officier dans un hôtel (comme Popeye, ce marin qu'on ne voit quasiment jamais naviguer, ou Tintin « reporter » qui n'écrit jamais un article…). Le job de groom de Spirou aura quand même été remis au centre du jeu et magnifié dans l'épisode intitulé *Le Journal d'un ingénu* d'Émile Bravo. Bravo, qui fut étonnamment le seul auteur d'une aventure de Spirou à remettre les choses à plat et se poser deux ou trois questions basiques de bon sens autour du métier de groom du héros, toutes questions qui ne semblent étrangement jamais avoir effleuré ni l'éditeur ni aucun des autres auteurs ayant durablement animé le personnage. Dommage. En presque quatre-vingts ans, Spirou n'est donc resté qu'un costume rouge (sensationnel, au demeurant !) surmonté d'un sourire commercial éminemment communicatif ; un bien chic type évoluant dans un monde plein de fantaisie et de bons sentiments : « Spirou, champion de la bonne humeur », comme le disait son slogan.

Batman

La vie est dure et après on meurt.

Finger et Kane, 1939

Batman apparaît un an seulement après Superman. Il est lui aussi un super-héros, mais sans aucun super-pouvoir. L'histoire : c'est à la suite de l'assassinat de ses parents qu'il se fixe la mission de combattre le crime en développant, à force de détermination, des qualités athlétiques et intellectuelles exceptionnelles, *presque* surhumaines. Et décide de mener une double vie en revêtant, de nuit (mais quand dort-il ?!), un costume capable de frapper tous les bandits de terreur. Totem : la diabolique chauve-souris, qui est *ipso facto* une promesse d'enfer pour tous les vilains. Sans oublier de se doter d'une mirobolante panoplie de gadgets *high-tech* préfigurant James Bond. Pour justifier le postulat de leur entreprise, les deux auteurs de *Batman* ont déclaré : « Il n'y a rien de plus traumatisant que d'assister au meurtre de ses parents. » Avaient-ils eu connaissance de l'histoire personnelle du scénariste de *Superman*, dont le père avait été assassiné (ils publiaient chez le même éditeur) ? Si oui, cela les a-t-il influencés ? Peu importe, au fond. Dans *Superman*, en tout cas, cet épisode atroce du parcours intime de la vie du scénariste n'apparaît jamais explicitement. Cet élément fondateur a été comme « digéré » (métabolisé, symbolisé...) par l'auteur. Ledit scénariste de *Superman* a bien éprouvé, sans guère de doute possible, le besoin de faire rendre gorge au(x) meurtrier(s) de son père à travers son héros, l'immortel et invincible « Superman », « Super-père », LE « Supère-Homme » (père déifié = Dieu ? demi-dieu ? tiers ? quart ?), mais sans jamais reprendre à la lettre dans ses récits le thème du « crime initiatique ». Il est quand même étonnant que ce soit exactement le même point de départ dramaturgique qui ait servi à l'élaboration quasi simultanée de ces deux célébrissimes « supersonnages », fondateurs modernes du genre « super-héros » : meurtre réel dans le premier cas, celui du père du scénariste de *Superman*, meurtre de fiction dans le second cas, *Batman*. Deuil soigneusement occulté et transcendé pour le scénariste de *Superman*, mais au contraire assumé et même revendiqué pour celui de *Batman*. Dans son essence, Superman porte pourtant bien la trace du traumatisme survenu à son créateur littéraire, puisque c'est de la tentative de réparation de ce traumatisme qu'a découlé en droite ligne l'immortalité même de Superman (« mon papa est immortel, il est ressuscité, il s'appelle Superman et il punit tous les méchants... »). Alors que chez Batman, qui est lui tout ce qu'il y a de plus mortel, l'épicentre du dispositif scénaristique ne repose *que* sur la problématique du deuil, et de la vengeance. Deux façons de réagir face à la mort d'un proche, et à sa mort violente en particulier, diamétralement opposées – le déni « sublimé » d'une part, et « l'assumation », courageuse mais insoluble, de l'autre – et qui invitent à examiner l'hypothèse selon laquelle ce serait bien par simple antithèse à Superman qu'on pourrait le mieux définir Batman. Chevalier blanc, chevalier noir, ainsi se présente à nous cet antagonisme de façon bien manichéenne.

Le noir, le blanc, les deux couleurs les plus utilisées dans le monde pour porter le deuil : « En Asie, le deuil [...] se porte en blanc. Pourquoi ? Parce que le défunt se transforme en un corps de lumière, un corps glorieux ; il s'élève vers l'innocence et l'immaculé. En Occident, le défunt retourne à la terre, il redevient cendres, il part donc vers le noir(1). » Même si ses deux créateurs l'ont vêtu des trois couleurs primaires rouge-bleu-jaune pour le rendre « aussi voyant que possible », Superman est bien un ange, blanc : il vient du ciel, des étoiles, et sa blancheur – de peau – est aussi virginale puisque, en tant que mythe, son « vœu de chasteté implicite(2) » l'exclut de l'engagement érotique et de son discours temporel. Contrairement à lui, Batman n'est pas immortel. Il vieillira, et prendra sa retraite. Pire : Batman est dans un deuil inconsolable. Il est, de plus, costumé comme un être luciférien, c'est-à-dire en ange déchu. C'est de ce paradoxe même que naîtra son succès : il défend le « Bien » sous les couleurs du « Mal ». Le rattachement du sombre caractère de Batman à l'esthétique gothique prend racine dans la tradition antique du cynisme, c'est-à-dire le mépris des convenances et de la morale dominante.

On y trouve la trace jusque dans son « logo » de chauve-souris, le *logos*(3) de Batman : « cynisme » provient du grec ancien κύων / *kuôn*, qui signifie « chien », avec la notion de morsure qui y est associée, puisque le cynisme, c'est aussi une forme d'humour noir, mordant. Or quand le premier film de Batman, par Tim Burton, sort en salles en 1989, la campagne de publicité – massive – est comme basée sur l'ambivalence graphique du logo de la chauve-souris de Batman avec des dents, visibles en creux sur ce même logo.

(1) Michel Pastoureau et Dominique Simonnet, *Le Petit Livre des couleurs*, Éd. du Panama, 2005, p. 98.

(2) Umberto Eco, « Le mythe de Superman », « *Communications*, 24, 1976 », « La bande dessinée et son discour », p. 3.

(3) Logos dérive du grec λόγος, *lógos*, « parole, discours », et désigne le discours (textuel ou parlé). Par extension, logos désigne également la « rationalité » (l'intelligence) conséquente à la capacité à utiliser une langue.

O·GROS

fig. 1 *fig. 2* *fig. 3* *fig. 4*

À l'époque, les destinataires de ce visuel se divisent en deux catégories : ceux qui voient bien les dents et ceux qui ne les voient pas du tout, ou alors au prix d'un effort *surhumain.* Pour ceux-là, en guise d'aide, signalons que ces dents apparaissent en noir dans la figure 3 et qu'à l'identique, la lettre « C » est cachée dans le sigle des magasins Carrefour en figure 4. Et qu'une fois qu'on les a vues, on ne voit plus que ça…

Cette difficulté à penser en creux, en négatif, résume la complexité charismatique de Batman : en proposant une vision inversée des canons en vigueur, il embarque avec lui tous ceux qui ne se reconnaissent pas dans les valeurs établies, codifiées, d'un monde incompréhensible, celles d'un Superman, justement. En cela, Batman est le digne continuateur du romantisme et de l'expressionnisme – notamment allemands – de la fin XIXe-début du XXe siècle. La scène musicale « gothique » s'en inspirera également par la suite (Alice Cooper, l'album *Berlin* de Lou Reed, The Cure, etc.), jusqu'à se produire dans un club londonien appelé *Batcave*.

L'opposition binaire Superman/Batman fait penser à celle que les médias ont surutilisée dans la rivalité Beatles *versus* Rolling Stones : d'un côté, les gendres idéaux décorés de l'ordre de l'Empire britannique par la reine, de l'autre, les *bad boys* toxicos ; le trop gentillet Paul McCartney contre « l'horrible » Keith Richards, le dandy aquoiboniste. D'un côté, les optimistes qui chantent « On ira tous au paradis », de l'autre ceux qui grincent « On va tous crever et après il n'y aura plus rien, le néant », les « Tout va bien » contre « Tout est dur et vain, y'a un truc que je digère pas et je souffre ». Pour cette seconde catégorie d'individus, les « la vie est dure et après on meurt », le noir est de rigueur. Comme chez Batman. D'une rigueur toute protestante par ailleurs, la couleur étant le signe ostentatoire d'une insupportable frivolité face à la perspective de l'Infini, du Néant, et de notre inéluctable finitude. C'est pour cette raison qu'en 1908 Henry Ford avait choisi le noir pour ses Ford T, mais aussi que, au cinéma, la couleur mit des années à apparaître après sa mise au point technique : elle était jugée indécente[4] !...

Finalement, que l'on voie la vie en rose ou en noir, la différence psychologique entre le mouvement d'espoir et celui de désespoir procède d'un même jeu de bascule : il semble que l'on puisse basculer de l'un à l'autre, comme les deux côtés de la même pièce. Au choix. On peut toujours essayer de retourner la pièce du côté que l'on souhaite (ou que l'on craint), mais on sait toujours que l'autre face est aussi proche, en dessous, qu'il suffirait... Espérer/désespérer. Mouvement autrement plus mystérieux que celui mis en scène dans *Hamlet* : être, ne pas. Mais l'objet (ici « l'objet du tourment ») est toujours frappé de fixité (son objectivité), et c'est seulement notre interprétation subjective, forcément subjective, qui lui confère ses différentes formes. Par exemple, le sens commun nous dit que le zèbre est blanc rayé de noir pour la seule raison que nous lisons noir sur blanc, comme Superman ; alors que la science nous apprend qu'il s'agit tout au contraire d'un animal noir rayé de blanc, comme Batman.

Voir et comprendre un seul et même objet de deux façons radicalement opposées vous semble impossible ? La preuve que c'est possible :

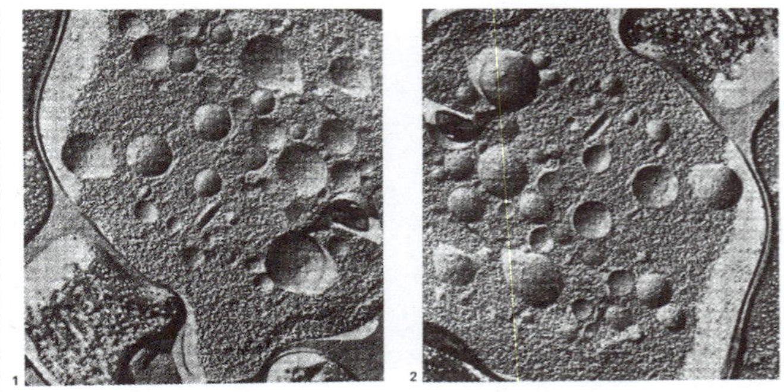

Les photos 1 et 2 représentent deux fois la même image, mais tournée de 180°. Il s'agit d'un cliché pris au microscope électronique d'un thrombozyte préparé selon la méthode de cautérisation par congélation. En y regardant de plus près, on s'aperçoit que les boursouflures de la photo de gauche sont devenues des creux dans celle de droite et réciproquement.

« Nous observons le même effet avec l'ammonite et son moulage négatif (photos 3 et 4). Si l'on retourne le livre, les deux versions que l'on tenait pour sûres se confondent, il est impossible de dire ce qui est convexe de ce qui est concave. De même avec que ce que l'on appelle le prisme de Wundtsche (figure 5), que l'on peut penser alternativement plein ou vide à gauche et à droite[5]. »

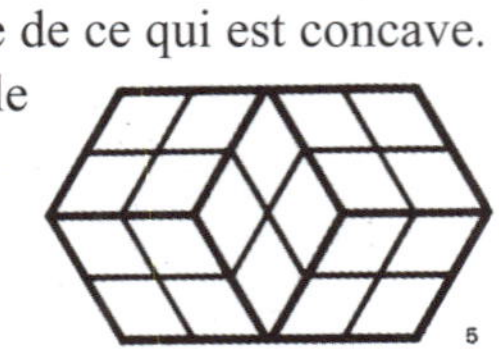

5

(4) Op. cit. *Le petit livre des couleurs*, Éd du Panama, 2005, p. 105.

(5) Edi Lanners, Illusions, Ed. Hier et demain, 1975, p. 102.

Dans *Superman et Batman au service du monde,* les deux héros seront entraînés ensemble dans des aventures qui exacerberont leurs facettes antagonistes. Mais leur cause commune reste avant tout la défense du « Bien », par-delà tout ce qui les sépare. C'est une alliance sacrée entre celui qui croit au ciel et celui qui n'y croit pas, qui nous rappelle ici opportunément qu'il ne faut pas confondre le sacré et le divin. Un distinguo crucial, mais qui nous emmènerait trop loin… En résumé : « Il faut séparer sacré et divin. Le sacré n'est pas lié à une religion, mais relève d'une anthropologie. C'est ce que l'on ressent en face de quelque chose qui nous submerge et nous dépasse. C'est une expérience qui rassemble, une mise en écho du présent dans le temps. Est sacré ce qui légitime le sacrifice et interdit le sacrilège [*cf.* les rites funéraires des premiers hominidés, les tabous universels de l'inceste et du cannibalisme, etc.] […]. Si tout est sacré, la société se pétrifie. Si tout est profane, la dérision règne en maître et tout se décompose. D'un côté, asphyxie, de l'autre, Narcisse roi. […] Nous produisons notre propre sacralité. C'est ce qui n'a pas de prix. Les artistes comme Picasso font du sacré avec du profane. Ils sont au-delà du bien et du mal. Ce sont des emblèmes qui cristallisent un sacré diffus. Sacralité et transgression vont ensemble(6). »

En dernière hypothèse, par son incarnation symbolique en figure négative de l'enfer (la chauve-souris), Batman se définit malgré lui automatiquement par rapport à sa réciprocité, la figure du paradis de Superman, l'ange blanc ; donc, en dépit de tous ses efforts gothiques pour s'en défaire, il ne parvient pas à sortir du cadre religieux. Par alliance sacrée, entre ceux qui vivent dans « l'espérance » (d'un au-delà, chrétien ou autre) et ceux qui se contentent de « l'espoir » (laïc, « ici et maintenant »), on entend cette même alliance pour des causes suprêmes, qui tiennent à la préservation de(s) civilisation(s), de ces alliances hétérodoxes qui furent magnifiées par Aragon dans *La Rose et le Réséda*, poème inspiré par l'union entre résistants de différentes obédiences contre l'agression nazie, en 1939-1945.

« Qu'importe comment s'appelle
Cette clarté sur leur pas
Que l'un fut de la chapelle
Et l'autre s'y dérobât
Celui qui croyait au ciel
Celui qui n'y croyait pas
Tous les deux étaient fidèles
Des lèvres du cœur des bras
Et tous les deux disaient qu'elle
Vive et qui vivra verra
Celui qui croyait au ciel
Celui qui n'y croyait pas »

La Rose et le Réséda, Aragon

(6) Régis Debray, *Jeunesse du sacré*, Gallimard, 2012.

Tournesol

Un savant nommé Soleil.

Hergé, 1939

«Philosophiquement et poétiquement parlant, Tournesol est le véritable héros des aventures de Tintin», affirme l'écrivain Tom McCarthy dans *Tintin et le secret de la littérature*, au terme d'une époustouflante démonstration qui part d'Aristote pour arriver à Van Gogh(1).

On pourrait aussi ajouter «psychanalytiquement» au «philosophiquement et poétiquement parlant» sans risquer de le fâcher: la philo-sophie («amour» et «sagesse, savoir», *sophía*) nous renvoie aussi au célèbre «Connais-toi toi-même» prérequis par Socrate, connaissance qui inclut l'analyse de la psyché (psychanalyse). Quant au «poétique», il est tout aussi adapté à la «psy» au sens où, s'agissant d'une science humaine, la poésie rend parfois mieux compte de la «cartographie» psychique que ne le feraient les savants concepts des sciences de la clinique.

(1) Tom McCarthy, *Tintin et le secret de la littérature*, Hachette Littératures, 2006, p. 188 à 193.

Mais pour arriver jusqu'au personnage de Tournesol, «véritable héros des aventures de Tintin», rappelons rapidement les quelques faits qui ont pu amener Hergé à le voir surgir au bout de son crayon.

Acte 1 : la grand-mère d'Hergé met au monde des jumeaux «nés de père inconnu».

Acte 2 : un lourd silence entoure l'identité de ce père inconnu, le grand-père d'Hergé. Le jeune Georges Remi, futur Hergé(2), souffre énormément de ce non-dit familial(3).

Acte 3 : enfant, Hergé s'ingénie à croire, sans aucune certitude, que son grand-père biologique pourrait être le roi des Belges Léopold II, qui régna entre 1865 et 1909.

(2) Hergé = «RG», initiales de Remi, Georges, une inversion et une dissimulation cryptée de son nom de famille, comme effacé, nié.

(3) «Dans la transmission, ce qui importe, ce n'est pas le contenu, c'est la capacité de pouvoir se construire des représentations personnelles de ses expériences du monde, autrement dit la capacité de symbolisation. Lorsqu'elle est mise en défaut par un secret, privé ou social, l'aptitude des enfants à bénéficier de toutes les formes de transmission, aussi bien familiales que scolaires, peut être gravement perturbée.» *Cf.* scienceshumaines.com/le-poids-des-secrets-de-famille.

O.G

Enfin, acte 4 : Hergé distille – inconsciemment – ce message dans différentes aventures de Tintin, avec des (en)quêtes généalogiques, monarchiques, pour aboutir à la thématique du bâtard de sang royal, dans le diptyque *Le Secret de la Licorne / Le Trésor de Rackham le Rouge* où apparaît justement « comme par hasard » le professeur Tournesol : dans cet épisode, le capitaine Haddock part à la recherche du trésor de son ancêtre, le chevalier François de Haddoque, présenté en filigrane comme un enfant illégitime de Louis XIV, le Roi-Soleil. Un roi qui est la quintessence de la monarchie, l'archétype du monarque absolu ; message crypté d'Hergé sur ses propres origines royales, réelles ou supposées. La dénomination de « Roi-Soleil » ne renvoie-t-elle pas directement au « sol » (« soleil ») de Tourne-sol, du nom de la fleur qui tourne en suivant la course de l'astre du jour ? Une fleur qui tourne comme le pendule de Tourne-sol, accessoire qui lui est consubstantiel et dont il accompagne le mouvement tournant d'un invariable « un peu plus à l'ouest », c'est-à-dire, littéralement, à la poursuite du soleil couchant.
Insistons : sûrement rien de calculé, prémédité chez Hergé dans ces coïncidences de langage ; c'est la langue de l'inconscient qui aura parlé, comme dans un lapsus ou dans un rêve, où les mots s'imposent impérieusement au sujet sans qu'il ait une conscience bien exacte de tout ce qui s'y joue, ni du pourquoi de ces mots là plutôt que d'autres.

Autre détail d'importance : pour le personnage de Tournesol, Hergé s'est inspiré du célèbre savant suisse Auguste Piccard, *qui avait un frère jumeau*, Jean ! Donc, un savant on ne peut mieux qualifié pour « enquêter » sur la naissance bâtarde de deux autres jumeaux : le père d'Hergé et son frère !

Avant de fouiller plus avant la question du soleil, revenons d'abord sur la façon dont Hergé a lui-même tourné avec insistance autour des personnages de savants pendant près de dix ans, depuis *Les Cigares du Pharaon* (1934) jusqu'au *Trésor de Rackham le Rouge* (1943). Hasardons l'hypothèse que la science représentant une forme de vérité indiscutable, il s'agissait peut-être justement pour Hergé d'obtenir cette vérité indiscutable à propos de sa propre généalogie, puisque son propre nom de famille lui fut légué par un simple prête-nom, un ouvrier imprimeur, M. Remi. Est-ce un pur hasard si le tout premier savant que rencontre Tintin, un certain Philémon Siclone (!), l'entraîne à la recherche du tombeau d'un pharaon, c'est-à-dire invite Tintin (et Hergé…) à fouiller une tombe royale ? Comme pour aller y voir du côté de Léopold II, en somme. Ce premier d'une longue série de savants perdra la raison, frappé par le « poison qui rend fou » et finira errant dans la jungle. Ce poison est l'argument narratif central de l'album suivant, *Le Lotus bleu* : un savant chinois,

Auguste Piccard, qui a servi de modèle pour Tournesol, et son frère jumeau.

Fan Seyeng, en a découvert l'antidote, que Tintin arrivera à se procurer pour soigner le fils de son nouvel ami, le vénérable Wang Jen-Ghié. Ce combat intime entre la raison (les savants) et la folie (le poison), entre la science et le délire, c'est peut-être bien celui d'Hergé contre le doute, qu'il a chevillé au corps depuis l'enfance. Car dans Le *Sceptre d'Ottokar*, ce sont encore des savants (jumeaux, Alfred et Nestor Halambique) qui apparaissent (comme le père d'Hergé et son frère jumeau), autour d'une intrigue « halambiquée » qui met en jeu la survie… d'une monarchie. L'ombre de Léopold II plane décidément toujours sur Hergé.

Et même après l'apparition de Tournesol, d'autres scientifiques continueront à être mêlés à de sombres histoires de tombeaux aristocratiques. Et là encore, science contre délire, avec la fameuse scène des sept savants profanateurs de sépultures incas et internés dans le même hôpital, sortant tous les jours à heure fixe de leur léthargie pour une séquence homérique de démence[4]. Aussi, quand il débarque dans *Le Secret de la Licorne*, on peut vraiment l'affirmer : Tournesol, c'est « tous les savants en un[5] ».

Un condensé parfait et permis, on l'a vu, par la signification de son patronyme ; un nom qui résumerait presque à lui seul toute la problématique inconsciente d'Hergé. Tournesol, c'est le savant parfait que cherchait Hergé. Ainsi naquit ce personnage de scientifique accompli, auréolé de la mention persévérance.

Tous les savants convoqués avant Tournesol, et si souvent mis à contribution dans la recherche d'une généalogie royale, n'auront donc au fond été que des répétitions, des bégaiements avant l'excellence, la notion *ad hoc* : « Tournesoleil ». Exactement comme un patient sur le divan d'un psy, qui peut répéter cent fois, mille fois les variations d'un même thème avant que ne jaillisse, la mille et unième fois, un mot nouveau qui, associé, éclaire d'un sens inédit toute une architecture qui avait jusqu'alors échappé au locuteur. Tourne-Sol ! Tournesol tournera, cherchera le Roi-Soleil, et à sa suite, la vérité d'Hergé. C'est Tournesol qui propose avec insistance son invention de sous-marin à Tintin et Haddock pour aller explorer l'épave de l'ancêtre bâtard de sang royal du capitaine, et encore Tournesol qui, grâce aux royalties de la vente du brevet de cette même invention, va offrir à Haddock rien moins que le château de son ancêtre : Moulinsart (*cf.* le château de Chaumont-Gistoux où la grand-mère d'Hergé devint fille mère). Autrement dit, l'exploration de ce qui était enfoui (au fond de la mer) a permis à Haddock – grâce à Tournesol – de retrouver sa place pleine et entière de sujet dans sa lignée généalogique et le foyer qui lui avait été confisqué. Rien que ça !

On peut dire qu'en « (r)attrapant » le soleil, Tournesol a rempli la première moitié de son contrat. Le soleil sera encore mis à la question dans *Le Temple du soleil*, où Tournesol sera enlevé par les Incas, et sauvé de la mort par Tintin grâce à… une éclipse.
À l'issue de cette séquence, fou de joie, le capitaine Haddock chante à tue-tête la chanson de Charles Trénet *Le soleil a rendez-vous avec la lune*. Rendez-vous pris : si le soleil a bien permis d'éclairer une partie du secret d'Hergé (celui de *La Licorne*), il y aurait lieu d'explorer encore la Lune, une planète dont une face nous reste cachée, celle qui est tournée vers le Soleil. On connaît la suite : c'est Tintin qui marche le premier sur la Lune, plus de quinze ans avant Neil Armstrong.

Mais on peut dire que c'est bien Tournesol qui marche sur la Lune : sans lui, aucun moyen possible d'accomplir cet exploit. En tous cas Hergé, lui, rentrera apparemment bredouille de la Lune, ayant sans doute atteint les limites de ce que ses subterfuges narratifs avaient pu lui apporter comme fragile réconfort, et il sombrera dans une profonde dépression. « Si je vous disais que dans *Tintin* j'ai mis toute ma vie », disait-il. Il est poignant de découvrir, *via* Tournesol, à quel point c'était vrai.

(4) À propos de cette scène, on évoquera aussi l'inquiétude d'Hergé face au délabrement mental de sa propre mère, internée.

(5) Cyrille Mozgovrine dans l'ouvrage collectif *Tintin au pays des savants*, Moulinsart, 2003, p. 15.

Lucky Luke

L'homme qui châtre plus vite que son ombre.

Morris, 1946 et Goscinny, 1958-1977

Les psychanalystes parlent de *dynamique inconsciente* pour décrire les ressorts cachés d'un comportement. Et quoi de plus « dynamique » que la relation entre Lucky Luke et Joe Dalton ? Combien d'albums y ont été consacrés ? Quarante ? Cinquante ? Plus encore ? On a l'impression que c'est inépuisable… et ça l'est bien : c'est une relation universelle. Car entre le représentant de la loi, Lucky Luke, et Joe Dalton, qui veut à tout prix la transgresser, c'est toute la dynamique humaine des premières années du « petit d'homme » qui serait là comme condensée.

Notons au passage que Lucky Luke n'a pas le statut de shérif (sauf quelques très rares fois) et que c'est justement cette absence d'incarnation officielle de représentation de la loi qui lui garantit de rester un «*poor lonesome cowboy*». Ni flic, ni gendarme, ni juge, ce qui lui permet aussi « accessoirement » – mais c'est essentiel – de rester dans la « société civile » des papas et des mamans dont il devient, de fait, à la fois le défenseur et le « héraut » implicite.

Quant à Joe Dalton, bien que le plus âgé des quatre frères, il est aussi le plus petit... C'est donc – par la taille – Joe qui, des quatre Dalton, symbolise le plus l'état de l'enfant, du bébé, même. Il est corporellement et psychologiquement bien plus qu'un homme petit : un « petit d'homme » (en concurrence avec Averell mais qui n'est, lui, que régression quand Joe n'est que transgression). Et comme tous les petits d'homme, sa première pulsion est de tout tenter (absolument tout !) pour se soustraire à la loi. Dans le but, en gros, de se marier avec maman – ou avec papa, si les frères Dalton avaient été des sœurs. Ce qui est rigoureusement interdit chez tous les peuples du monde, sinon ça mettrait trop le bazar, et ce serait la société tout entière qui s'écroulerait.

Dire « non » à un petit d'homme, non aux bonbons, non, pas taper les petits copains, non, ne monte pas là-dessus, tu vas tomber, non, maman est mariée avec moi, pas avec toi, tous ces « non », c'est la panoplie de la castration symbolique. Pour le petit d'homme, se soumettre à cette loi, s'y inscrire, c'est accepter de renoncer à sa toute-puissance de sale gosse gâté – pourri. C'est l'application « psy » du bon sens populaire : « Il lui faudrait une bonne fessée ! » C'est bien ce qu'assure constamment Lucky Luke avec Joe Dalton : la sanction à appliquer quand la limite de la loi est dépassée.

Dans l'image ci-contre on voit Lucky Luke castrer Joe Dalton (qui essaie vainement de se cacher pour s'y soustraire) à l'aide de ses ciseaux en forme de foulard-soleil.

O. GROJ.

Blake et Mortimer

***Six feet under* (« *Damned* ! »).**

Jacobs, 1946

Dès les premières lignes de ses Mémoires[1], Jacobs nous l'annonce : « Il s'en est fallu d'un cheveu qu'il n'y eût jamais d'E.P. Jacobs ni de *Blake et Mortimer* ! » En effet, à l'âge de 2 ou 3 ans, alors qu'il jouait sur le couvercle vermoulu d'un puits, le bois céda et il tomba dans l'eau. Son sauvetage, miraculeux, dura une demi-heure. Une éternité. « Ma langue s'était, paraît-il, retournée, formant un bouchon, ce qui m'aurait sauvé de la noyade. De ce drame lointain, je garde quelques lambeaux d'images, d'abord, à hauteur de ma bouche, une eau noire et stagnante sur laquelle flottaient des bulles et quelques bouts d'allumettes. » L'image qui vient alors immédiatement à l'esprit du lecteur de Jacobs est celle de l'album *S.O.S. Météores* (planche 8, case 1.) où Mortimer chute dans un étang et baigne jusqu'aux narines, entraîné vers un tunnel « dans lequel les eaux s'engouffrent en bouillonnant [...] et est aussitôt englouti dans le noir », une séquence illustrée par un dessin en caméra subjective à la limite de l'abstraction, sans équivoque sur ses origines.

À ce propos, revenons un instant sur un détail étrange de la phrase inaugurale de ses Mémoires. La formulation est incorrecte : même s'il avait péri prématurément « à l'âge de 2 ou 3 ans » dans ce puits, son existence terrestre n'en aurait pas été annulée pour autant, même raccourcie. Donc, avec ce « *Il s'en est fallu d'un cheveu qu'il n'y eût jamais d'E.P. Jacobs* », il nous dit bien que son acte de naissance est ainsi posé au jour même de l'accident du puits, et non plus à la date officielle de son état civil. D'ailleurs, ce n'est pas « Edgar Pierre » qui a failli ne pas exister, mais « E.P. ». Quand quelqu'un utilise une initiale en lieu et place d'un prénom complet, ce n'est pas sans signification ; par exemple, pour des artistes tels que « M » (pour Matthieu Chedid) ou « Arthur H. » (pour Arthur Higelin), il s'agissait, comme on dit, de « se faire un prénom » du fait que leurs noms de famille étaient déjà « occupés » par leurs pères respectifs. Dans le cas de Jacobs, le choix de ne mettre une initiale que sur la deuxième partie de son prénom double est peut-être un indice : en signant « Edgar P. », est-ce que ce n'est pas le mot « pierre » qu'il a cherché à mettre à distance, de la pierre du tunnel vertical où il a connu sa pire angoisse[2] ? Autre écho possible de ce tunnel dans les noms mêmes de ses deux héros, noms qu'il ne faut vraiment pas infléchir beaucoup pour les faire entrer en résonance avec la scène primitive de ce puits *noir* (*black*) où rôdait la *mort* : Black et Mort.

Quoi qu'il en soit, que fait n'importe quel enfant en détresse panique ? Il hurle ! Et là, Jacobs nous dit que sa langue s'était retournée et que ça l'a peut-être sauvé. Mais, dans ce cas, aussi empêché de hurler. Difficile de ne pas faire le lien entre cet empêchement et la première carrière de baryton d'opéra de Jacobs, ce rescapé qui s'est époumoné sur les scènes bruxelloises et lilloises d'avant-guerre. Que cet appel au secours ait été empêché ou émis n'y change d'ailleurs rien, au fond : on aura beau jeu de recenser tous les souterrains, tunnels ou grottes présents dans l'opéra de papier des sept premières aventures de Blake et Mortimer animées par Jacobs : la base secrète du *Secret de l'Espadon*, les labyrinthes du *Mystère de la Grande Pyramide*, le repaire du professeur Septimus dans *La Marque Jaune,* la civilisation engloutie des Atlantes dans *L'Énigme de l'Atlantide*, l'usine du professeur Miloch, sous le château de Troussalet, dans *S.O.S. Météores*, les caves du château de la Roche-Guyon dans *Le Piège diabolique* et les catacombes de *L'Affaire du collier*.

« Nous appelons traumatisme une expérience vécue qui apporte, en l'espace de peu de temps, un si fort accroissement d'excitation à la vie psychique que sa liquidation [...] par les moyens normaux échoue », nous dit le bon docteur Freud[3]. La riposte de l'appareil psychique après un traumatisme va consister à mobiliser toutes ses forces pour rétablir un équilibre rendu durablement impossible du fait d'un trop-plein émotionnel. « La répétition des rêves où le sujet revit intensément l'accident et se replace dans la situation traumatique comme pour la maîtriser est rapportée à une compulsion de répétition[4]. » On ne saura jamais si les vocations de baryton d'opéra puis d'auteur de bande dessinée de Jacobs se seraient affirmées sans l'accident du puits, mais l'importance déterminante semble bien en être démontrée.

Et pour détendre un peu l'atmosphère, nous terminerons par une saillie drolatique de Thomas, plus communément appelée « blague de Toto » : « La semaine dernière, papa est tombé dans le puits au fond du jardin, dit Toto à la maîtresse. – Mon Dieu, s'écrie celle-ci, il va bien au moins ? – Oh oui, répond Toto, il a arrêté d'appeler à l'aide hier. »

---

(1) E. P. Jacobs, *Un opéra de papier,* Gallimard, 1983.

(2) L'utilisation d'initiale pour un second prénom semble obéir à des usages variables : si on connaît bien John F. Kennedy ou John D. Rockefeller (F. et D. pour Fitzgerald et Davison, trois syllabes chacun, un peu long), il y a aussi Henri-Georges Clouzot ou Henri-Pierre Roché. La tradition de l'initiale pour le second prénom est peut-être plus en vogue chez les Anglo-Saxons. Au bout du compte, chacun choisit. Jacobs a choisi : pas de Pierre.

(3) et (4) Cité par J. Laplanche et J.-B. Pontalis dans *Vocabulaire de la psychanalyse*, PUF, 1967, p. 500 et 503.

Picsou

Beaucoup de brutalité dans un monde de brutes.

Barks, 1947

Quand il s'est intéressé à la question de l'argent et à sa place dans l'inconscient, Freud a immédiatement repéré la symétrie têtue entre argent et excréments : pour le bébé, l'excrément a valeur de cadeau offert à sa mère afin de gagner son amour. Une fois devenu adulte, l'équivalence entre argent et excrément demeure, et c'est l'argent qui est à son tour investi de la valeur symbolique du cadeau : « L'excrément étant son premier cadeau, il transfère aisément son intérêt de cette matière à cette matière nouvelle qui, dans la vie, se présente à lui comme le cadeau le plus important [...]. L'intérêt centré sur l'excrément se transporte en intérêt pour le cadeau, et puis pour l'argent(1) ». Après ça, on ne verra plus jamais tout à fait de la même manière l'oncle Picsou plonger dans l'immense piscine remplie de pièces d'or de sa maison coffre-fort.

Le tout premier nom donné en France à Picsou était « Harpagon », en référence à *L'Avare* de Molière. Dans la logique du parallèle excréments/argent, le refus de dépenser s'apparente à de la rétention anale (à la constipation) et correspond à une angoisse d'abandon. Dans ce cas de déséquilibre affectif, l'argent perd sa valeur économique pour ne garder que sa valeur symbolique et devient un objet de jouissance en tant que tel, déconnecté du réel, à amasser et contempler : une fin en soi et non plus un moyen d'accéder à la possession d'autres objets par l'acquisition et pour le partage. Quand la jouissance de l'argent (ou n'importe quel type de jouissance) occupe ainsi tout l'espace d'une existence, le sujet devient une sorte de mort-vivant entièrement dévoué à son obsession : « Lorsque la jouissance, nous n'en sommes pas séparés, alors évidemment c'est dans le registre de la comédie, mais c'est éminemment clinique ! C'est ça le névrosé ! C'est rien d'autre ! Toute sa vie tourne autour de son symptôme et il embarque tout le monde avec, et allons-y ! Ce qui l'empêche de vivre, bien entendu(2) ». De façon assez astucieuse, Carl Barks rendit d'ailleurs périodiquement Picsou allergique à son propre or.

(1) Sigmund Freud, citation extraite de *Névrose, psychose et perversion (1894-1924)*, PUF, 2002.

(2) Claude Landman, *La Raison depuis Freud*, ALI, 2012.

On comprend mieux maintenant le caractère hypercolérique de Donald, « obligé » de suivre son oncle (au nom de quoi ?) dans les coins les plus reculés de l'Univers, à seule fin d'assouvir sa goinfrerie financière. Dans cette relation, Donald n'est pas seulement victime de l'exploitation capitaliste du canard par le canard, il est surtout le martyr d'un ordre névrotique qu'il ne songe jamais à remettre en question et encore moins à fuir, comme s'il était en perpétuel état de sidération (ce qui peut faire penser aux femmes battues qui reçoivent les coups sans parvenir à réagir). Reconnaissons au moins à Disney un salutaire sens de l'autodérision pour avoir permis à Carl Barks de moquer, à travers le personnage de Picsou, la rapacité légendaire du capitalisme en général, et de la Walt Disney Company en particulier. Les scrupules ne sont d'ailleurs pas absents de cette démarche, qui voit dans un même mouvement Carl Barks envoyer Picsou piller tout ce que l'Univers compte de ressources naturelles, mais aussi lui adjoindre les Castors Juniors, Riri, Fifi et Loulou, pour instiller un zeste de bonne conscience écologique dans la soif d'or du canard le plus avide de l'histoire de la bande dessinée.

Picsou parcourt le monde à la recherche de tous les trésors possibles (Toison d'or, trésor de Gengis Khan, d'Ali Baba, pierre philosophale, etc.) et semble tenir pour acquis que la place naturelle de son neveu est de lui servir de larbin. En théorie, jamais la culture protestante des États-Unis, toute hantée par l'idée d'austérité, n'aurait dû accoucher d'un monstre tel que Picsou, adorateur du Veau d'or, divinité païenne honnie. Si Picsou a quand même vu le jour, c'est bien que le besoin d'un bouffon se faisait ressentir, seul capable de prendre à sa charge toutes les contradictions du système, c'est-à-dire à la fois le dégoût de l'argent et la fascination de l'argent.

O.G

Charlie Brown

Un loser au pays des winners.

Schulz, 1950

Rappelez-vous : après la 2e Guerre Mondiale, les USA sont les maîtres du Monde «Libre» et, via le cinéma, la télévision, la bande dessinée, etc. imposent leur vision à tous : le positivisme forcené. John Wayne et Charton Heston sont à la barre. Que dans ce contexte, un simple petit héros de bande dessinée ait pu marquer un tant soit peu l'ébranlement de cette colossale force de propagande, et avec une telle popularité, voilà qui donne à réfléchir. Surtout venant d'un auteur de prime abord aussi loyaliste et peu «anti-système» que l'était Charles Schulz[1]. Les premiers «antihéros» n'apparurent qu'une douzaine d'années après le tout premier strip de cette bande dessinée, avec des acteurs tels que Dustin Hoffman (dans *Le Lauréat* ou *Little Big Man*) ou John Cassavetes (dans la série *Johnny Staccato)*, qui vinrent à leur tour enfoncer un coin dans le modèle apparemment intangible de l'*american way of life*. Et le succès planétaire de Charlie Brown (des centaines de millions d'exemplaires de *comics*, dessins animés, peluches, posters, etc[2]) est confondant s'agissant d'une œuvre qui ne parle, au fond, que du mal-être de son principal protagoniste. Reconnaissons donc à Schulz d'avoir été maître dans l'art suprême de la subversion, art qui consiste à dire des vérités désagréables en «passant par en dessous», tout en ayant l'air de ne pas y toucher: juste une petite série anodine de bande dessinée «tout public». Schulz était d'ailleurs outré à l'idée qu'un auteur, tout occupé à vouloir délivrer un quelconque «message», puisse en oublier d'être «drôle et agréable». En ce sens, il aura peut-être plus fait contre l'ordre établi que l'*underground* de la *Beat Generation* apparu presque simultanément, et qu'il jugeait d'ailleurs vulgaire. Il aura réussi en tout cas, lui, à s'adresser à tous, et non pas à une élite plus ou moins éclairée. Pour nous dire quoi? La vérité, c'est-à-dire le sentiment de vanité et d'échec inhérent à la condition humaine. Tout en prenant grand soin de ne heurter personne, avec délicatesse. Bien qu'il se défendît, lui, de délivrer quelque message que ce soit, avec les *Peanuts,* Schulz aura publiquement fait état d'une détresse auparavant jugée totalement indécente, surtout dans «une époque à laquelle être malheureux était considéré comme trahison sociale plutôt qu'affaire personnelle[3].» Autrement dit, dans les années 1950, soit votre famille était une famille Coca-Cola, soit vous n'étiez rien. À tout cela, il a osé opposer très tranquillement, au travers de ses personnages, le ressenti de ses difficultés d'enfant puis d'adolescent précoce, presque surdoué, totalement perdu au milieu d'enfants bien moins brillants que lui mais mieux sociabilisés. Schulz est écorché vif, blessé à mort par le rejet continuel de ses contemporains puis par la disparition de sa mère, son seul réconfort sur terre, alors qu'il était âgé de 20 ans; et hanté par la cruauté de l'existence, éprouvée à travers le prisme de son père, petit coiffeur qui s'était battu pour posséder son modeste salon, sa seule bouée dans un océan d'adversité. Schulz en conçut un sentiment d'infériorité qui ne le lâcherait plus jamais, même quand le succès déversa sur lui des centaines de millions de dollars. Inconsolable Charles Schulz, inconsolable et mélancolique Charlie Brown, pétris d'un malaise diffus tapi sous le discours de l'Amérique triomphante d'après-guerre. Et incarnation d'un certain courage: celui de ceux qui admettent simplement que, chez eux, «quelque chose ne tourne pas rond». C'est-à-dire «le refus de tourner le dos à la souffrance», comme en attestait un ami de l'auteur des *Peanuts*. Loin, très loin des icônes de propagande aux sourires forcés déversées à la mégatonne dans tous les médias disponibles. Charlie Brown ne gagne jamais au baseball. Pour nous, c'est risible; pour lui, c'est un drame.

Schulz et Charlie Brown sont-ils «complexés»? Chez les psychanalystes, le terme n'a jamais été tellement utilisé tel quel: trop vague. Le terme de complexe (d'infériorité) est pourtant utilisé par Umberto Eco à propos de Charlie: «ressenti également par le lecteur», il consiste à penser «que Charlie Brown n'a pas de complexe d'infériorité mais qu'il est vraiment inférieur. Pire: il est absolument normal. Il est comme tout le monde. C'est pour ça qu'il est toujours à deux doigts du suicide [...]: parce qu'il cherche le salut selon les formules de commodités que lui propose la société dans laquelle il vit (l'art de se faire des amis, comment devenir un amuseur recherché, comment acquérir une culture en trois leçons, comment trouver le bonheur, comment plaire aux jeunes filles)[4]». Autant de domaines où Charlie échoue toujours. Chacun des membres de la tribu des *Peanuts* se satellise autour de Charlie et incarne le rejet dont il est victime (Lucy), ou les états qu'il aimerait atteindre mais qui lui restent inaccessibles: Shroeder le musicien et sa virtuosité pianistique, Pig Pen et sa crasse repoussante mais assumée, Snoopy et son inflation d'imaginaire stérile.

Les historiens de l'an 10000, qui étudieront nos sociétés de consommation, en pointeront fatalement les multiples vicissitudes mais en saisiront-ils les subtilités psychologiques avec toute la finesse requise sans la lecture des *Peanuts*?

(1) Charles M. Schulz était *lay preacher* de «l'Église de Dieu», un mouvement adventiste, c'est-à-dire qui attend «la seconde venue du Christ».

(2) En 1968, la NASA donne le nom de Snoopy à la mascotte du Programme pour la connaissance des vols spatiaux habités. En 1969, des peluches à l'effigie de Snoopy et Charlie Brown accompagnent des astronautes dans l'espace, etc.

(3) David Michaelis, *Snoopy et les Peanuts*, Dargaud, 2012, postface, p. 291.

(4) Umberto Eco, préface de *La vie est un rêve, Charlie Brown*, éditions Payot-Rivages, 2002, p. 19.

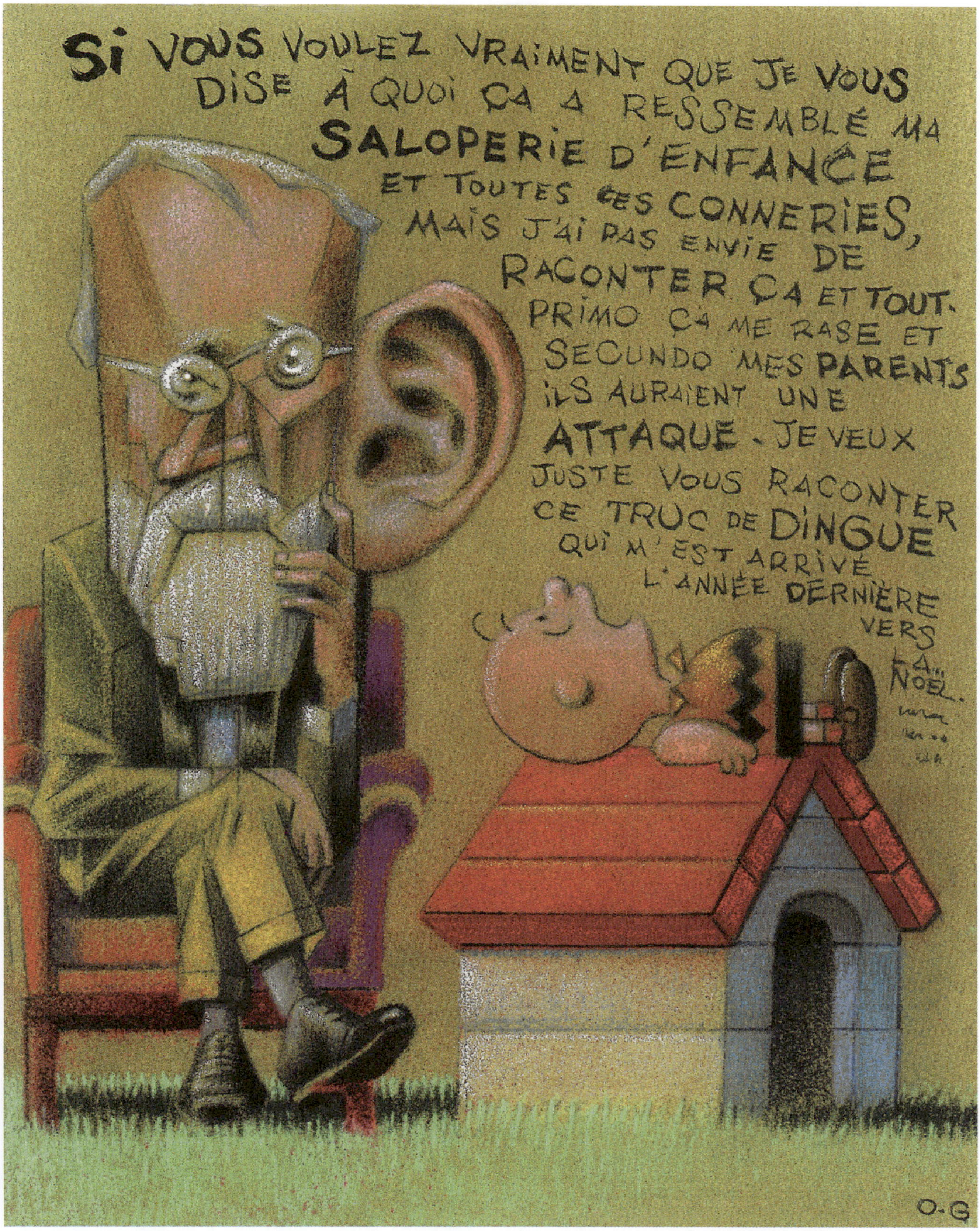
SI VOUS VOULEZ VRAIMENT QUE JE VOUS DISE À QUOI ÇA A RESSEMBLÉ MA SALOPERIE D'ENFANCE ET TOUTES CES CONNERIES, MAIS J'AI PAS ENVIE DE RACONTER ÇA ET TOUT. PRIMO ÇA ME RASE ET SECUNDO MES PARENTS ILS AURAIENT UNE ATTAQUE - JE VEUX JUSTE VOUS RACONTER CE TRUC DE DINGUE QUI M'EST ARRIVÉ L'ANNÉE DERNIÈRE VERS LA NOËL.
O-G

Astro Boy

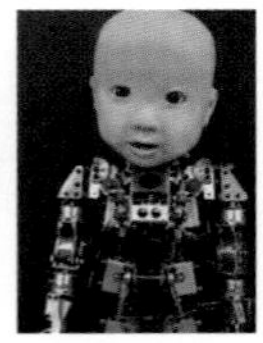

Mythe cathartique ou promesse de la fin d'un monde ?

Tezuka, 1951

Nous le savons, l'être humain n'a rien d'autre à sa disposition que la poétique des mythologies pour trouver sa juste place dans l'Univers : celle-ci est l'*unique* outil de sa survie « morale » en tant qu'être social doué d'intelligence. Avec Astro Boy, nous avons peut-être vu, dans l'ère moderne, la naissance « en direct » d'un tel mythe poétique. Son véritable nom japonais est « Atome Puissant » (*Tetsuwan Atomu*), fondateur des *mangas*, la bande dessinée japonaise. C'est un robot aux pieds-fusées, doté sur le ventre d'une trappe d'accès à ses entrailles mécaniques qui lui tient lieu de nombril. Surtout, c'est son cœur qui est atomique, c'est-à-dire le siège de ses émotions, des élans de son cœur. Un Pinocchio techno, un Frankenstein kawaï(1). Les mythes ancestraux répondent aux questions sans réponse que nous pose le monde dans lequel nous naissons : pourquoi tout ce qui vit meurt-il ? Pourquoi y a-t-il des mâles et des femelles ? Un haut et un bas ? Quelque chose plutôt que rien ? Atome Puissant-Astro Boy a été une tentative de réponse parmi tant d'autres aux nouveaux défis que les Japonais ont eu à relever à partir de 1945 : après les cataclysmes d'Hiroshima et de Nagasaki, la nation avait un besoin vital de nouveaux mythes pour « penser » ses plaies et assurer sa survie mentale.

Toutes les nations s'identifient à des grands récits fondateurs ; chez les Nippons, le mythe originel était déjà celui de cycles incessants de destructions suivies de renaissances (pas grand-chose à voir, donc, avec la linéarité occidentale qui part d'une Genèse pour arriver au Jugement dernier). L'ancêtre mythique, divine, de la lignée impériale japonaise – toujours sur le trône au XXIe siècle – est la déesse AmateRaSu, qui plongea d'abord le monde dans les ténèbres avant de le ramener à la lumière. C'est elle qui est symbolisée sur le drapeau japonais, avec ou sans ses rayons. L'empereur Hirohito était ainsi considéré comme le « fils du Soleil », dont l'armée partit à la conquête de la Chine dès 1937 avant de défier les États-Unis en 1941. On sait le choc, la sidération de la nation japonaise quand ledit fils du Soleil et sa clique de généraux mégalomanes furent anéantis par les deux « soleils » atomiques yankees d'Hiroshima et Nagasaki, les 6 et 9 août 1945.

(1) Kawaï ou kawaii : du japonais 可愛い, *kawaii* (« mignon »). S'applique aux mangas et à la culture populaire pour des représentations outrageusement infantilisantes, avec force couleur rose, poneys, fleurs et arcs-en-ciel, un univers si « sucré » qu'on pourrait attraper des caries rien qu'en le regardant.

Le sentiment dominant des Japonais (fanatisés, ne l'oublions pas) fut-il alors que l'empereur-dieu vivant avait trouvé là dieux plus puissants que lui ? Bien des indices peuvent le laisser penser, car même après l'humiliation de la capitulation, la haine vis-à-vis du vainqueur fut assez vite remplacée par une identification à la figure nouvelle du « dieu USA », promu « dieu techno ». En attestent une émulation-surenchère dans la course au « scientisme » avec les États-Unis sans guère d'équivalent dans le monde dans la seconde moitié du XXe siècle, mais aussi un décalque fidèle de nombre de ses codes de représentation culturels, et jusqu'au langage. Dans le Japon d'aujourd'hui, c'est jusqu'au mot « riz » qui se dit bien souvent « *rice* » ! Et Tetsuwan Atomu-Astro Boy inaugura ce que nous tenons pour LA pure marque de fabrique des mangas : les énormes yeux pleins de savants reflets. Yeux disproportionnés qui viennent en droite ligne des studios Disney et des grands regards humides de tous les animaux du film… *Bambi* (1942). Oui, oui, ce sont bien les yeux du lapin Panpan de *Bambi* qui sont les ancêtres graphiques des grands yeux d'Astro Boy et de Candy !

La religion shintoïste mélange le polythéisme et l'animisme. « Objets inanimés, avez-vous donc une âme qui s'attache à notre âme et la force d'aimer ? » « Oui », répond le shinto. Relevons là une autre corrélation étrange entre le feu atomique et la naissance d'Astro Boy-Atome Puissant : la bombe atomique qui fut larguée sur Hiroshima avait été baptisée… « Little Boy » par les Américains. Dans la bande dessinée de Tezuka, la naissance d'Astro Boy est le fait du ministre de la Science, le professeur Tenma, dont le fils, Tobio, meurt accidentellement et qu'un robot doit venir « remplacer ». Cette permutation ne se fait pas sans une mise en garde solennelle de Tezuka sur le danger mortel qu'il y aurait, pour l'humain, à vouloir rivaliser avec les dieux, créateurs de vie : « Le professeur Tenma […] dépensa tant d'argent pour construire un robot à l'image de Tobio que plus jamais on ne pourra faire une telle *folie.* » Sans doute la vigoureuse mise en garde de Tezuka n'a-t-elle pas été suffisamment entendue puisque, depuis, bien des savants fous japonais se sont mis en tête de créer des robots aussi proches que possible des humains. Le résultat glace le sang : sans le filtre du dessin et une fois la transposition du mythe d'Astro Boy effectuée dans la réalité, le spectacle de ces bébés mécaniques provoque un sentiment de profond malaise, comme un aperçu de l'enfer.

Bien sûr, les poupées qui disent « maman » et font pipi ne datent pas d'hier, mais le point de sophistication visé là est d'une tout autre portée. À terme, il ne s'agirait plus d'un simulacre « pour de faux » mais d'un simili « pour de vrai ». Et on sait que la robotique japonaise vise aussi à fabriquer des batteries d'aides ménagères pour une population vieillissante, destinées à empêcher les bonnes indonésiennes ou philippines d'immigrer sur l'archipel. La robotique sous-tend donc là un racisme clairement assumé : mieux vaut partager son quotidien avec un robot qu'avec un humain *étranger*. Astro Boy, mythe cathartique ou promesse de la fin d'un monde ?

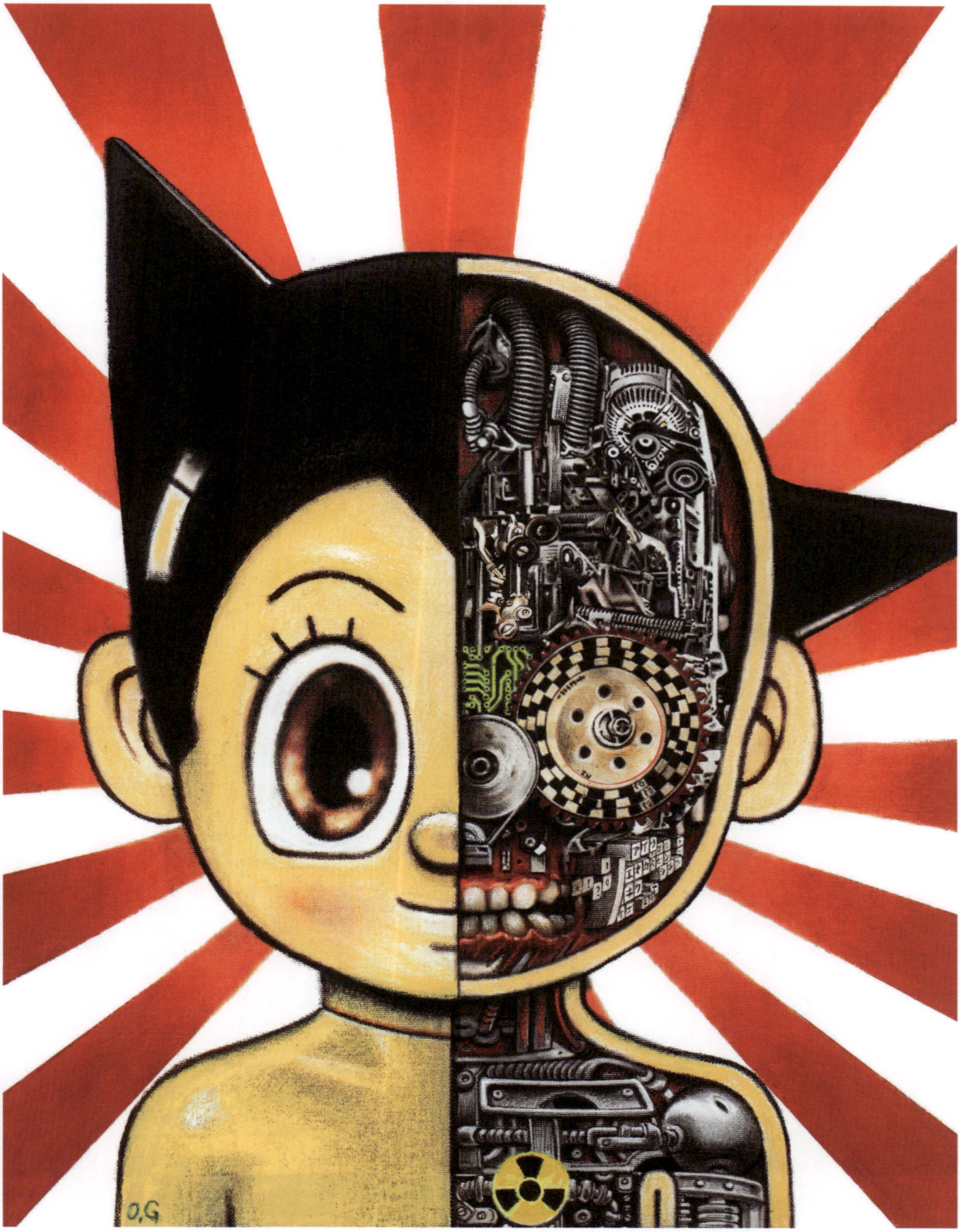
O.G

Gaston Lagaffe

Le droit à la paresse.

Franquin, 1957

Difficile pour un lecteur du XXIe siècle d'imaginer la charge subversive qu'a pu représenter l'apparition de *Gaston Lagaffe* dans le champ de la bande dessinée des années 1960-70. «Ce monde est trop sérieux», semblait dire Gaston, en écho à la propre enfance d'André Franquin, son auteur, accablé par le souvenir d'un milieu familial gris d'ennui. Le père de Franquin était banquier (préfiguration de De Mesmaeker, un homme d'affaires tout aussi «sérieux»), et voulait le meilleur pour la carrière de son fils. C'est-à-dire qu'il devienne... comptable. Tout un programme!... On devine l'intense enthousiasme du jeune Franquin à cette perspective. Son père le voulait Boulier[(1)], il devint finalement le contraire: Lagaffe... Au passage, il est frappant de constater que c'est à peu près du même type de grisaille familiale poisseuse qu'émergèrent les deux plus illustres compatriotes de Franquin, Hergé et Jacques Brel. À croire que les vocations des saltimbanques de génie font leur miel d'enfances désespérément maussades (mais ne généralisons pas).

Concernant Gaston Lagaffe, quand Franquin le crée en 1957, c'est un dessinateur encore jeune, qui porte la cravate et travaille pour une maison sérieuse: les éditions Dupuis ne plaisantent pas avec ce qu'elles estiment être bon ou pas bon de publier pour la jeunesse. Franquin accomplit sa mission d'amuseur au mieux dans ce cadre strict, mais il est gêné aux entournures, coincé, insatisfait; et en 1961, n'en pouvant plus avec le trop gentillet personnage de Spirou – dont il est en charge depuis presque vingt ans –, il sombre dans une dépression, massive. Dépression pendant laquelle il n'y a d'ailleurs que le personnage de Gaston qu'il parvient encore à dessiner, c'est même sa planche de salut.

Car Franquin a bien senti que le monde change, bouge, que les vieux schémas bébêtes sont dépassés: en 1961, l'après-guerre a terminé sa cicatrisation, et après quinze années de climat productiviste et de convenances bourgeoises ringardisées, les djeun's ont envie de twister. L'année 1966 restera celle du plus grand nombre de disques rock jamais produit, et Gaston n'est pas en reste, il monte à plusieurs reprises des groupes éphémères.

Les cheveux s'allongent, les jupes raccourcissent, la guerre du Vietnam s'éternise, le vieux monde résiste.
Le vieux monde, pour Franquin, c'est celui de sa maison d'édition, sérieuse, si sérieuse. Grâce à Gaston Lagaffe, il va pouvoir la dynamiter de l'intérieur, tirer la langue au «système», opposer le droit à la paresse à l'exigence de rentabilité et remplacer la déférence par une insolence bon enfant.

Les locaux des éditions Dupuis seront donc successivement inondés, incendiés, termités, explosés, pulvérisés et même envahis d'animaux de toutes espèces (une vache, un lionceau, des chevaux, des souris, des colonies de mouettes, de chats, etc.), tout cela sans que JAMAIS Gaston ne soit viré pour autant! De façon étonnante, il jouit donc d'une impunité totale. Serait-il protégé? De là à penser qu'il pourrait être le fils, le petit-fils ou le neveu de l'éditeur Dupuis, voilà qui pourrait ouvrir de croustillantes nouvelles pistes d'investigation pour les magazines «pipole BD».

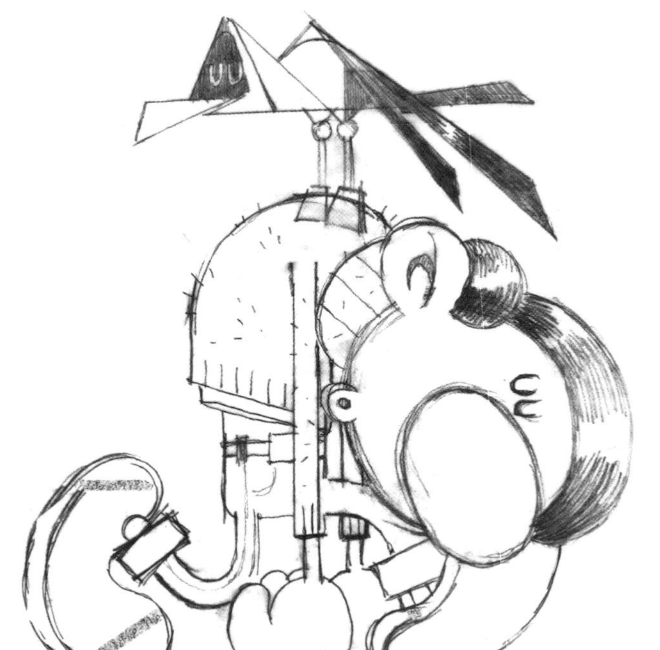

(1) M. Boulier, personnage imaginaire, comptable des éditions Dupuis, est un psychorigide myope à faible rendement capillaire.

O. GROJ
NOWSKI

Boule et Bill

La mélodie du bonheur est-elle hallucinogène ?

Roba, 1959

Si, enfant, vous vous situiez dans la mauvaise moitié des statistiques du mariage (plus d'un couple sur deux qui divorce dans la capitale, plus d'un sur trois en province), votre père aimait peut-être à s'alcooliser en rentrant du travail – quand il ne rentrait pas déjà bourré – après avoir dragué toutes les voisines ? Votre mère, hystérique, était en permanence au bord de la crise de nerfs ? Ça s'engueulait à tout va sur les corvées ménagères, le budget vacances, les belles-mères respectives ? Eh bien, rassurez-vous, tout va bien : les familles « normales », ça n'existe que dans les films. Ou dans les bandes dessinées pour enfants sages, comme *Boule et Bill*. En tout cas, ça n'existe pas pour de vrai. Pas chez vous, déjà ; ça, c'est vu. Pas chez vos ami(e)s proches non plus, ça se saurait (même chez tous ceux qui font comme si tout allait super bien, dès qu'on gratte un peu, c'est le gros bazar partout). Ni chez vos cousins et cousines, où ça serait même *a priori* plutôt pas mal pire que chez vous. Tout ça sans compter les parents de tous les potes que vous connaissez, qui ne restent ensemble que « pour » les enfants, et où c'est encore pire que s'ils faisaient sans. Non, ces gens-là, les gens « normaux », les Parfaits, vivent sur une autre planète. La planète Rose où la famille Boulébil vit aux côtés de la famille Ricoré (celle qui tient la superforme dès le petit déj'), la famille Brunch, celle qui va bruncher (les Brunch ne bronchent jamais, même condamnés à bouffer toute leur vie dans leur cantine pourrie). Et les familles McDo, Nutella, etc.

Oh, bien sûr, M. et Mme Boulébil réprimandent régulièrement ces adorables petits chenapans de Boule et Bill, mais seulement parce que c'est ainsi que doivent se dérouler les choses du train-train quotidien dans la Grande Aventure du Doux Foyer. Bienvenue dans le monde merveilleux des familles où tout ne serait que rires, sourires z-et chansons. Est-ce à ce bien sympathique modèle – un petit pavillon avec un jardin, une clôture, un papa, une maman, un fiston, un chien (chats, petites sœurs et petits frères admis(e)s) –, à ce modèle-là que tout un chacun serait censé s'identifier ? Eh oui, après tout, pourquoi n'aspirerions-nous pas tous légitimement à l'enviable cliché « ambiance chaleureuse de la Famille Parfaite » ?
N'incriminons surtout pas Jean Roba, le créateur des Boulébil, qui a brillamment assuré, dans les limites des figures imposées par la presse « jeunesse » des années 1960, une saga certes niaise, mais menée avec un sens du gag et une humanité forçant le respect. Roba avait travaillé dans la « pub » avant *Boule et Bill*. Donc, oui, famille Boulébil = famille « pub » ; mais sans malice aucune. Juste niais, et pourquoi pas ? Roman familial ? « Romance » familiale alors, plutôt. Car le « roman familial », notion mise au jour par notre ami Sigmund, est d'une tout autre portée que la romance ; notion trop étoffée pour pouvoir être ici résumée[1]. Juste que, pour l'enfant qui grandit, « la nostalgie du temps heureux et révolu où son père lui est apparu comme l'homme le plus distingué et le plus fort, et sa mère comme la femme la plus chère et la plus belle » domine sa vision de l'idéal familial.

Une autre notion « boulébilienne » pourrait alors se superposer à celle-ci : la notion du « jadis », mot profondément réinventé par le romancier et essayiste Pascal Quignard. Notion et mot cités ici de façon tout aussi évocatrice. Un quelque chose qui nous chuchoterait à l'oreille la légende du temps passé, du temps perdu, irretrouvable, du mythe du pays de cocagne[2], une histoire idéale que chacun se fabrique en essayant de se persuader qu'elle a bien existé. Avec plus ou moins de réussite par rapport aux modèles ordonnancés. Un mythe individuel. À l'échelle collective, le culte du *jadis*, du passé romancé, est à l'œuvre dans les principaux succès du cinéma français des vingt dernières années : outre les *Astérix* (1999, 2002, 2008, 2012), on note *Le Fabuleux Destin d'Amélie Poulain* (2001), *Les Choristes* (2004), *Bienvenue chez les Ch'tis* (2008) et *Rien à déclarer* (2011). Un tous les deux ans en moyenne. Autant de cartes postales savamment retouchées d'une « France éternelle » (gouaille, etc.), qui, telle que décrite, n'a jamais vraiment existé non plus, mais à laquelle il est si bon de croire. Si bon !

Et comme en francophonie tout finit par des chansons, finissons par *La Vie de cocagne*, une chanson de Serge Rezvani chantée par Jeanne Moreau en 1965 :
« [...] Prendre le temps
D'avoir des chats, des petits chats
Des chiens, des tas d'enfants
Un vieux fauteuil au coin du feu
Où me laisser glisser à deux [...]
Un petit clocher de cocagne
Que j'entendrais tinter l'hiver tout comm' l'été
La nuit, le jour sur la campagne
Me donnerait envie d'ne plus changer ma vie. [...]
C'est bêt' ce rêv' que j'fais chaqu' jour dans ma p'tite auto...
En v'nant du bureau...
Qui pourrit ma vie
De nostalgie !... »

---

(1) S. Freud, « Le roman familial des névrosés », dans *Névrose, psychose et perversion*, PUF, 1973.

(2) « Cocagne : n.f. *Pays de cocagne*, pays d'abondance où la vie est facile et agréable. *Mât de cocagne*, mât élevé, lisse et glissant, à l'extrémité duquel sont suspendus des objets. » Larousse, 1957.

O.G

Astérix 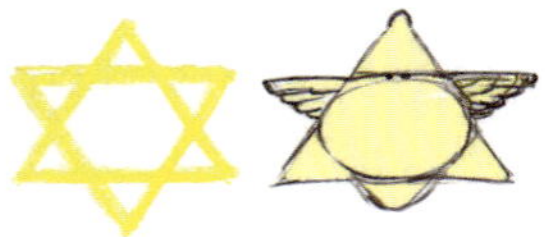

La face casher des Gaulois.

Goscinny et Uderzo, 1959

Juif, Astérix ? Quelle idée !... Le claironner aussi littéralement serait en tout cas erroné : en 50 avant Jésus-Christ, les juifs n'avaient pas encore, pour certains d'entre eux, émigré vers la Gaule. Et puis il y a, dans l'absolu, quelque chose d'inconvenant et même de contre nature à associer ainsi un « must » de la bande dessinée d'humour à un peuple aussi pétri de tragédies que le peuple juif. Et pourtant… C'est bien à un tel rapprochement que pourraient inviter les origines juives du scénariste des meilleures aventures d'Astérix, un certain René Goscinny.

On ferait sûrement fausse route en disant qu'à travers Astérix, l'intention *délibérée* de Goscinny était d'évoquer ses propres origines, et qu'en contant la geste d'un « petit village gaulois résistant à l'envahisseur romain », il songeait à certains de ses ancêtres à lui, également villageois et eux aussi menacés en permanence par d'autres « envahisseurs », slaves ceux-là… (les membres de la famille de la mère de Goscinny avaient dû se résoudre à quitter leur village ukrainien de Chodorkow à la suite de pogroms incessants). Mais rappeler tout simplement les définitions des mots « pogrom », « inconscient » et « catharsis » pourrait déjà, en soi, amener à un enchaînement logique susceptible de démontrer que, après tout, les termes « juif » et « Astérix » auraient peut-être quand même bien finalement « quelque chose » à voir ensemble...[(1)]

Il fallait bien ce grand écart entre le tragique et le comique pour qu'un petit garçon prénommé René, adorant sa maman et raconter des histoires drôles, ait eu à cœur, une fois devenu jeune homme, de « venger » ses ancêtres, avec l'arme la plus performante qu'il avait à sa disposition : l'humour. Qui, comme chacun sait, est la politesse du désespoir. Et quoi de plus désespérant qu'un pogrom ? Quoi de plus désespérant, pour des flopées de petits juifs sans fortune, que de s'escagasser à porter à bout de bras leurs boutiques, leurs ateliers, pour se les faire saccager à intervalles réguliers par des abrutis antisémites ivres de vodka et de haine ? Alors non, Goscinny n'a sûrement pas eu conscience en écrivant *Astérix* qu'il réglait là un vieux compte familial, mais cette reconfiguration du village assiégé (ghetto juif / village gaulois) ne peut pas, non plus, n'être *que* le fruit du hasard ; ce « ghetto gaulois » n'est pas sans racines, et sa portée universelle emprunte *forcément* beaucoup au souvenir du *shtetl*[(2)]. Résister aux envahisseurs, pour tous les peuples du monde, organiser leur défense, c'est une constante historique.

Quoi d'étonnant dès lors à ce que le malicieux, l'espiègle Goscinny, en bon fils de famille juive persécutée, ait ainsi touché l'imaginaire de centaines de millions de lecteurs[(3)] ? C'est qu'en plus le petit René, qui ne voulait au fond que défendre sa maman chérie, aura pour l'occasion inventé un vraiment supertruc totalement imparable : la potion magique ! Qui donne une force « surhumaine ». Une force « surhumaine » assurément d'essence divine, car concoctée et servie par qui ? Eh bien, par le sage druide Panoramix, un très vieux type avec une formidable barbe blanche ressemblant à s'y méprendre à… un rabbin. Et, dites donc… quelle profession a-t-on si souvent attribuée au grand-père paternel, Abraham Gościnny, à Varsovie ? Rabbin[(4)]. De là à dire qu'il y a des vrais morceaux de Dieu dans la potion magique… « Renaît Goscinny » ? Car pour ce qui concerne son grand-père maternel, Abraham Eliezer Beresniak, c'est aussi troublant : son portrait photographique accuse une ressemblance confondante avec le même druide Panoramix. Deux papis Abraham pour un petit René, c'est quand même pas mal !

Abraham Eliezer Beresniak, grand-père de Goscinny. Panoramix, le druide.

(1) **Pogrom** ou **Pogrome**. n.m. (début XXe s.) ; mot russe *po* (entièrement) – *gromit* (détruire). Émeute, soulèvement violent, souvent meurtrier, organisé contre une communauté juive.

Inconscient. n.m. Psychol. Ce qui échappe entièrement à la conscience, même quand le sujet cherche à le percevoir. *Le travail de l'inconscient prépare la création ou la découverte chez l'artiste, le savant, le créateur.*

Catharsis. n.f. 1. Purification de l'âme délivrée de ses tourments. 2. (théâtre) Purification des passions chez le spectateur d'une représentation dramatique, la mise en scène d'actes réprimés (par la morale, voire par la loi) permettant au spectateur de se « défouler ». 3. (psychologie) Thérapie utilisant l'extériorisation des traumatismes vécus. *Ce qui a été réprimé veut se libérer, manifeste le besoin de s'exprimer.*

(2) Diminutif du yiddish *shtot* (ville), « petites villes » d'Europe centrale à proportions variables de communautés juives, ayant disparu après l'extermination nazie.

(3) Et Uderzo ? Compte tenu de l'indéfectible amitié qui liait les deux hommes, nul doute que le dessinateur n'ait tout su des drames qui avaient frappé les Goscinny, et que cela l'ait fait vibrer de tout son être. D'autant que sa famille était elle-même immigrée italienne de fraîche date, et qu'eux aussi étaient bien souvent traités comme des pestiférés. Un sentiment de symbiose parfaite entre les deux auteurs.

(4) « Contrairement à ce qui a été écrit ici ou là, rien ne prouve qu'Abraham [Gościnny] ait été un rabbin » (Pascal Ory, *Goscinny*, Perrin, 2007, p. 18). Une remarque sûrement fondée qui nous laisse le champ libre pour penser que rien ne prouve le contraire non plus ; ou, du moins, si le doute existe, que cette fonction a au moins revêtu un prestige certain chez des membres de la famille Goscinny.

o.groj

Mon Beauf

Le con que vous adorez détester.

Cabu, 1965

En France, aucun personnage dessiné ne peut se vanter d'être passé dans le langage courant comme le Beauf de Cabu, pour un usage aussi fréquent et avec une telle longévité. Il s'agissait à l'origine d'une blague entre membres de l'équipe de *Charlie Hebdo*, du type : « Tu fais quoi ce week-end ? – Je vais aider mon beauf à repeindre sa cuisine. » Ou bien : « Pour Noël, je réveillonne avec mon beauf. » Ou encore : « Ce soir, je vais regarder le match avec mon beauf. » Bref, les activités banales des Français moyens qu'exécraient les membres de l'équipe, « la connerie morne » selon Cavanna. Le Beauf, un temps confondu avec les B.O.F. (Beurre-Œufs-Fromage) connus et détestés pour s'être enrichis au marché noir sous l'Occupation ; les deux mentalités sont d'ailleurs assez voisines dans ce qu'elles sous-tendent de bassesse, d'égoïsme et de mesquinerie. À quoi Cabu aura ajouté un côté « parvenu » et une silhouette reconnaissable entre toutes : bedaine imposante, moustache et rouflaquettes, regard rendu exophtalmique par l'abus d'alcools divers et de malbouffe, sans compter des propos attestant une inculture crasse alliés à une dégaine qui suinte la vulgarité : le Beauf a tout pour plaire.

Au bout de quelques décennies, alors que le mot « beauf » était depuis longtemps entré dans le dictionnaire(1), Cabu constata la disparition progressive de son archétype fétiche du paysage français au profit d'un nouveau type de beauf, plus « tendance » : barbe de deux jours, boucle d'oreille, queue de cheval à la Karl Lagerfeld censée lui conférer une allure de créatif, ainsi que lunettes de soleil pour se donner l'air de rentrer de Saint-Trop' (en 4 x 4, ça va de soi). Le nouveau Beauf reste très marqué à droite. On dira que l'ancien était franchement Front national, mais que le nouveau serait plus « UMP décomplexée » – tendance Nadine Morano, « pas trop hostile aux "idées" du Front national ». Bref, le Beauf, c'est le con, tel que Cabu le voit(2). Mais une fois qu'on a dit que le Beauf est un con, on n'a finalement pas encore dit grand-chose. Dès que l'on évoque la connerie, tout un chacun sourit d'un petit air entendu, manière de bien signifier qu'il n'est pas du tout visé par la question. Et comme absolument tout le monde fait de même, c'est à se demander : où sont donc passés les cons ? Un sondage Ifop nous apprendrait sûrement qu'à la question : « Êtes-vous un(e) con(ne) ? », la réponse serait « non » à 100 %(3). Lacan déclarait : « La psychanalyse est un remède contre l'ignorance ; elle est sans effet sur la connerie(4). » On notera le distinguo. Dans un petit essai intitulé *La bêtise se soigne-t-elle ?*, Jean Michel Couvreur apporte quelques éléments de réflexion(5) : « La bêtise est refus, blocage dans le rapport à l'autre. Mais d'où peut venir ce refus ? [...] La bêtise est une façon de se protéger caractérisée par le refus de penser par soi-même, ce qui peut correspondre aussi bien à une paresse de l'esprit qu'à une peur. La bêtise se cabre pour faire cesser la souffrance que peut provoquer la rencontre d'une altérité. Dès lors, elle se réfugie auprès de toute forme d'autorité, de direction de conscience qui lui dit comment faire et comment penser [...]. Quand quelque chose risque de déstabiliser l'édifice des préjugés, quoi de plus normal que de réagir par la raillerie, la suffisance, la vanité, l'intolérance, la méchanceté, le fanatisme, la violence et la destruction ? Au total, la bêtise est une réponse au problème de la relation à autrui. » Bien. On y voit peut-être déjà un peu plus clair.

La bêtise, c'est le stéréotype, lequel se répand par le discours des préjugés populaires et des fausses évidences. Le stéréotype est ce qui empêche de penser, qui sidère, pétrifie. Flaubert, qui s'était longuement penché sur la question, avait avancé : « La bêtise est de conclure. »

Prenons l'exemple de nos hommes politiques, qui prétendent nous expliquer le monde depuis tant de lustres : eux, ils ont tout compris ; leurs adversaires, rien. Alors rêvons un peu du jour où un personnage politique viendrait sur le devant de la scène pour nous l'avouer, enfin : « Français, je n'ai rien compris ! » Pareille clairvoyance ne devrait pas manquer de soulever l'enthousiasme des foules dès lors réconciliées avec la classe politique, avant de hisser cette si honnête personne aux plus hautes fonctions. Mais qui aurait fort à faire, car « il y plus de cons qu'on ne pense et ils sont plus cons qu'on ne croit ».

(1) « Type de Français moyen aux idées étroites, bornées », Larousse 1997.

(2) Pour le nouveau, on complétera peut-être avec le jargon destiné à bien montrer qu'il s'y connaît en *business* : *impacter, optimiser, positionner, faisabilité*, etc.

(3) Ou 99 % : il ne faut jamais désespérer de l'honnêteté intellectuelle de certains esprits, plus lucides que les autres.

(4) J. Lacan, *Lettres de l'école freudienne*, n° 15, 1975, p. 235-244.

(5) Jean-Michel Couvreur, *La bêtise se soigne-t-elle ?*, Pleins Feux, 2004, p. 35-36.

La Schtroumpfette

Cherchez la femme.

Peyo, 1966

Alors que Peyo, en vacances, était à table avec Franquin, au moment de lui demander « le sel », ce mot ne lui vint pas à l'esprit : Passe-moi le... le... », et le mot « schtroumpf » sortit à la place : « Passe-moi le schtroumpf. » Amusé, Franquin saisit la balle au bond et, lui tendant la salière, répondit : « Voilà ton schtroumpf. – Merci de me l'avoir schtroumpfé », etc. La langue schtroumpf était née. Mais comment diable est-il possible d'oublier un mot d'usage aussi courant que le mot « sel » ? Quel mécanisme psychique joue dans un tel oubli, qui concerne généralement plutôt les noms propres ? Si Peyo a d'abord préféré le mot « schtroumpf » à « bidule » ou à « machin », avant de le choisir entre tous, pour en faire ensuite le nom d'une tribu de lutins bleus qu'il venait d'inventer, c'est *peut-être* que, cette fois-là du moins, le mot « sel » s'était – inconsciemment – inscrit pour lui avec une majuscule, à la manière d'un nom propre. Développons ici cette idée, soumettons-la à la torture et voyons si elle s'effondre ou si elle résiste.

Les oublis de noms propres ont été étudiés par Freud[1], à partir du cas vécu par lui-même de l'oubli du nom du peintre italien Signorelli. Au cours d'un voyage, il s'interdit de citer à un compagnon de route la phrase d'un patient selon laquelle une vie sans sexe ne vaudrait plus la peine d'être vécue, puis de parler du suicide d'un autre patient en raison d'un trouble sexuel incurable : sujets trop scabreux pour être évoqués devant un inconnu. Puis, la conversation suivant son cours, on en vient à parler peinture, et il n'arrive plus – oubli – à retrouver le nom d'un peintre : Signorelli. « Je prétends qu'il existe entre le nom ou les noms de substitution et le nom cherché un rapport possible à trouver [...]. Je voulais, il est vrai, oublier autre chose que le nom [de Signorelli] mais il s'est établi entre cet "autre chose"et le nom, un lien d'association[2], de sorte que mon acte de volonté a manqué son but et que j'ai, malgré moi, oublié le nom alors que je voulais oublier "l'autre chose". » En psychanalyse, un oubli s'apparente à un refoulement, terme auquel on peut préférer celui de « repoussement » : l'esprit repousse le plus loin possible une pensée gênante, désagréable, voire insoutenable. L'une des trois conditions nécessaires à l'oubli d'un nom, selon Freud, est « la possibilité d'établir une relation extérieure entre le nom en question et l'élément qui vient d'être refoulé ». Comme il est impossible de savoir ce que Peyo et Franquin avaient bien pu se raconter avant que Peyo n'oublie le mot « sel », il faut bien admettre qu'on reste là encore dans le domaine de la pure spéculation.

Poursuivons malgré tout : quel est l'élément qui est le plus refoulé, repoussé, nié, dans le petit monde des Schtroumpfs ? C'est, bien sûr, l'élément féminin, la Femme avec un grand « F », à quoi renvoyait *peut-être* le fameux mot « Sel » qu'il conviendrait alors de réorthographier « s'Elle »[3]. On suppose que les deux auteurs étaient en vacances avec leurs épouses... En toute hypothèse, Peyo aurait pu avoir, avant de demander le sel, des pensées assassines à l'égard de sa femme, impossibles à formuler ouvertement ; ce qui donnerait, par exemple : « Aujourd'hui, j'ai vraiment envie de l'étrangler, "s'Elle"-là ! ». Ou bien il aurait pu, tout au contraire, éprouver une pulsion érotique aussi soudaine qu'inavouable à l'endroit de son épouse (ou, pire encore, à l'égard de l'épouse de son ami), ce qui donnerait : « Je lui apprendrais bien une ou deux nouvelles positions du Kamasutra, à "s'Elle"-là. » D'où l'oubli ainsi motivé du mot « Sel / s'Elle », la majuscule du nom commun se justifiant par l'association le reliant au prénom d'une femme.

Tiré par les poils, tout ça ? Avant d'en décider, examinons tout de même aussi toutes les variantes du mot « ***strumpf*** » en allemand : « ***strumpf**hose* » veut dire « collant » ou « bas » (de femme...)! Ce mot est composé des mots « ***strumpf*** », qui est masculin – et signifie « chaussette » – et « hose », qui veut dire « pantalon ». Mais comme « *die hose* » est féminin,

(1) Toutes les citations de Freud sont extraites de *Psychopathologie de la vie quotidienne*, Petite Bibliothèque Payot, 2004.

(2) Au tout début de la conversation, il fut question de la Bosnie, dont les deux premières lettres (B,O) amenèrent par la suite Freud à dire « Botticelli » à la place de « Signorelli » : les deux patients en panne sexuelle qu'il cherchait à occulter dans cette conversation, deux Turcs de Bosnie, l'avaient appelé « *Herr* » (Monsieur) lorsqu'ils s'étaient adressés à lui ; « *Herr* » qui donne « *Signore* » en italien. La combinaison de Bosnie liée à sa tentative d'éviter les sujets sexuels liés au nom « Signorelli » (« *Signore* » = « *Herr* »), l'amenèrent donc à substituer le nom du peintre « Botticelli » à celui de « Signorelli » ; tout en sachant pertinemment que ce n'était pas le nom recherché, qui était donc « Signorelli », nom qui s'obstina à ne pas lui revenir à l'esprit.

(3) Rappelons que ce type d'homophonies ou de rapprochements par simples lettres communes est omniprésent dans l'inconscient : fer / faire, insecte / inceste ou insecte / un sexe, etc. C'est infini !

O.G

tout le mot composé «*die* ***strumpf****hose*» devient féminin: c'est toujours le deuxième mot qui indique le genre d'un mot composé en allemand. Avec la racine «***strumpf***», nous avons aussi «*das* ***strumpf****band*» = «la jarretière» (jarretière encore importante aujourd'hui pour les mariages traditionnels, où la mariée porte une jarretière bleue!). «*Der* ***strumpf****halter*» = «la jarretelle». «*Der* ***strumpf****haltergürtel*» (l'allemand, c'est génial: c'est un mot composé de trois noms: «*der* ***strumpf***» + «*der halter*» + «*der gürtel*») = «le porte-jarretelles». Assez connoté sexy le mot *strumpf*, non? Alors? Un «bas» érotisé ou un «bas» pour étrangler, comme dans les films? Les deux?
Toujours sceptique à l'idée que ça aurait pu être le mot «Femme», le mot inconsciemment mis à l'écart quand Peyo a «oublié» le mot «sel», au profit du mot «schtroumpf»? Soit. Dans ce cas, poursuivons.

Car avant de trancher la question du caractère farfelu ou non de notre hypothèse, on devra aussi se souvenir de la nature véritable de la Schtroumpfette selon Peyo, quand le méchant sorcier Gargamel la crée pour semer la zizanie chez les Schtroumpfs: «une cervelle de linotte, de la poudre de langue de vipère, un carat de rouerie, une poignée de colère, un doigt de tissu de mensonge cousu de fil blanc, un quarteron de mauvaise foi, une part de sottise» (liste non exhaustive). Même si c'est de l'humour, admettons qu'il n'y a pas de fumée sans feu. Cela corroborerait l'idée qu'il y aurait bien pu y avoir, là encore, «quelque chose» de patent à refouler, à travers l'oubli du mot «Sel»/«S'elle». Trouble (relativement fréquent) lié au désir éprouvé pour un «pubis sans queue[4]»? Qui aurait débouché sur une stratégie d'évitement? En tout cas, «Schtroumpf» a bien été orthographié par Peyo avec un «S», le «S» de «Sel», le «S» de «*strumpfhose*» (bas de femme); un «S» qui n'avait strictement rien d'indispensable: «Chtroumpf» aurait suffi!...

Un dernier indice qui pourrait encore nous conforter dans l'idée que «Schtroumpf» remplaçait le mot «Femme», c'est que la seule «femelle» de la série, la Schtroumpfette, est aussi, dans les premiers albums, la seule à ne pas parler le *schtroumpf*. Et donc la seule à ne pas avoir besoin d'un mot de substitution pour «femme». Logique puisque, dans cette hypothèse, elle ne serait en rien concernée par l'impérieux besoin de mise à distance du genre féminin ressenti par Peyo et ses petits avatars bleus, les cent membres de la tribu schtroumpf. Si le mot «Schtroumpf» remplace bien le mot «Femme», une phrase telle que «Je schtroumpfe schtroumpfement la schtroumpf de ma schtroumpf» donnerait: «Je femme femmement la femme de ma femme», ou, avec l'aide de synonymes: «Je gonzesse damement la demoiselle de ma lady» (ce qui est déjà nettement plus clair). Bref, les filles, plus les garçons feignent de les ignorer, plus ils en parlent! Avec l'invention de la langue schtroumpf, Peyo a peut-être aussi cherché à se débarrasser tout bonnement du langage, un langage qui maîtrise l'homme bien plus que l'homme ne le maîtrise, comme l'ont démontré maints savants chercheurs qui se sont penchés sur la question.
Ajoutons enfin que jusque dans les années 1960-70, l'expression, aujourd'hui désuète, «histoire salée» signifiait une histoire «olé-olé», souvent salace. Qui piquait l'esprit par quelque chose de trop libre, d'un peu obscène. Étonnant, non? Et puis, enfin... Regardez donc votre salière une seconde: elle ne vous fait pas vaguement penser à «quelque chose»? Au final, la question est donc: lors de la scène du «Passe-moi le....», est-ce de la censure de ce «quelque chose» si masculin soudainement associé au mot «Elle» qu'a pu naître un mot de remplacement «abstractif», un mot *cache-moi-cette-diablesse-phallique,* le mot «schtroumpf»?

Alors pour conclure (en toute mauvaise foi), disons que même si l'hypothèse ici soutenue est totalement fausse... elle mériterait d'être vraie.

"Passe-moi le sel", d'après La source *de Ingres.*

(4) Et là, tout le monde se rappelle que, *a contrario*, tous les Schtroumpfs en ont une, de queue (et même deux: une derrière, et – on suppose – l'autre devant, autrement, n'ayant rien à cacher, ils vivraient nus)! Charité bien ordonnée commence par soi-même.

abcd fghijk m
nopqr tuvwxyz
ABCD FGHIJK MNOPQR TUVWXYZ
STRUMPFHOSESTRUMPF
ELLE ELLE ELLE ELLE ELLE
Passe-moi le ... le ... s
pfum mp ... strumpf
O.G

Corto Maltese

Dandy de grand chemin.

Pratt, 1967

« Peut-être suis-je le roi des imbéciles. Le dernier exemplaire d'une dynastie complètement éteinte qui croyait en la générosité... En l'héroïsme. » Voilà comment, dès la cinquième page de son apparition en France, en 1970, se définit lui-même Corto Maltese en répondant au professeur Steiner, à qui il vient d'éviter de se faire casser la figure par un « méchant » aux yeux de crapaud, et qui lui demandait : « Pourquoi avez-vous fait ça ? » La *dynastie* de « justiciers humanistes » dont Corto serait *peut-être* le dernier exemplaire le situe à mi-chemin entre Jack London et Clint Eastwood. Entre 1970 et le début 1973, en à peine plus de trois ans, Hugo Pratt livre pour l'hebdomadaire *Pif Gadget*(1) vingt et une histoires de vingt pages chacune ; quatre cent vingt pages en trois années d'état de grâce absolu, que ni avant ni après ce génie n'atteignit avec la même perfection poétique, la même implacable efficacité littéraire. Un petit bijou, quasi miraculeux et unanimement salué comme tel(2).

Corto Maltese ! Hugo Pratt ! Légendes d'un homme et de son double de fiction, intimement liées, entretenues et enjolivées à grands frais par le principal intéressé, qui confessait en toute franchise sa propension certaine à la mythomanie : « J'ai treize façons de raconter ma vie et je ne sais pas s'il y en une de vraie, ou même si l'une est plus vraie que l'autre(3). » Voilà le génie de Pratt : une vie exceptionnelle sur laquelle il aura été si délicieux de baratiner tout son soûl, sans vergogne. Après tout, pourquoi se gêner !? Comme Fellini, l'illustre compatriote, dont le métier revendiqué était pareillement « menteur professionnel ». À quoi bon se prétendre raconteur, autrement ? Avec toute la verve latine des ritals, qui fait craquer le monde entier : Pinocchio, De Niro, Al Pacino, DiCaprio, Italo Calvino, Eco, *et tutti quanti*. Et Pratt, alors ? Quand même : enfance à Venise, puis en 1937 son père, Rolando, emmène toute sa famille en Éthiopie, conquête coloniale de l'Italie fasciste où, militaire, il œuvrera dans la police coloniale (dont Hugo portera l'uniforme trois ans après leur arrivée, à l'âge de 13 ans !). Mort du père deux ans plus tard, tombé malade dans un camp anglais de prisonniers, avant le rapatriement d'Hugo et sa mère par la Croix-Rouge. Et les milliers de dessins de soldats en uniforme qui s'ensuivront. Pratt continuera sa vie rêvée sur cette lancée : à seulement 18 ans, il bricole déjà des bandes dessinées pour un éditeur italien, puis monte en grade dès ses 22 ans, pour un éditeur argentin, etc., etc. Mais ce n'est que la quarantaine sonnée, après cent mille voyages et autant de dessins, qu'apparaît le personnage de Corto Maltese, pur macho dandy de grand chemin. Comme son auteur, donc. Voilà pour l'essentiel, mais l'essentiel n'est pas là.

L'essentiel, c'est l'éthique personnelle uniquement faite de questionnements qu'Hugo Pratt a retirée de son existence richissime, à la fois réelle et rêvée. Hugo Pratt n'était pas assez stupide pour ne pas avoir compris que l'uniforme qu'il avait revêtu encore préadolescent dans l'armée de son père et de Mussolini ne lui avait conféré, en tant que tel, aucune légitimité que ce soit sur les « indigènes ». Son passage en Abyssinie lui avait valu au contraire nombre de rencontres et d'amitiés avec les supposés « ennemis » du régime mussolinien. La meilleure façon d'ouvrir les yeux pour qui, comme lui, était prêt à les ouvrir. Défi intellectuel à l'uniforme porté par son propre père, et recherche d'une synthèse universelle, recherche d'une autre Loi, plus vraie. Où qu'ils aillent, Hugo Maltese et Corto Pratt traquent toutes les expressions de cette Loi universelle. En jouant les justiciers auprès de peuples aussi divers que les Indiens caraïbes, les *cangaceiros* brésiliens, les Jivaros, les Abyssins, les Arabes et les Irlandais des deux camps. Quelles seraient les constantes du Bien et du Mal à travers toutes les cultures ? Voilà votre quête, votre place, messieurs. Vous vous targuez de n'apporter d'autre précision aux débats qu'une implication totale dans l'action doublée d'un souverain détachement philosophique. Aux questions du sacré et du divin, l'éthique de Corto-Hugo est de ne jamais clore : il s'en amuse comme d'un jeu intellectuel infini, une suite de spéculations, tout compte fait, irréductibles à la raison. Et de s'attendrir de ceux qu'il(s) rencontre(nt) et qui sont à la traîne des sommets d'intelligence de ce dandysme de bon aloi. Le dandy sait qu'on ne sait jamais ; le dandy ethnologue revit ces questions existentielles en boucle au hasard de toutes les cultures qu'il rencontre.

(1) Hebdomadaire de « BD jeunesse » publié alors par une officine du Parti communiste français. Entre quatre et cinq cent mille exemplaires vendus par semaine, avec des pointes jusqu'à un million, record d'Europe.

(2) *Sous le signe du Capricorne, Corto toujours un peu plus loin, Les Éthiopiques, Les Celtiques*, Casterman.

(3) Hugo Pratt, *Le Désir d'être inutile*, Robert Laffont, 1991.

O. G

On n'entre pas dans le monde du Corto des années 1970-1973 comme dans un moulin, il y a un passage obligé, une porte d'entrée et une porte de sortie ; qui sont peut-être bien la même, d'ailleurs. Sûrement la même. Pour passer ces portes, il est convenu d'accepter définitivement l'idée que tout n'est pas explicable ni réductible à de simples mots : c'est la croyance dans le magique, le chamanisme. Pratt dessine deux fois cette porte, au début et à la fin des quatre cents pages d'histoires qu'il publie dans cet intervalle : elle apparaît dès la trentième page, dans un rêve qui représente l'entrée du monde de Mu, version américaine de l'Atlantide, un cercle de totems de pierre. Puis, en prélude au final, sous la représentation d'un autre cercle de pierre, celui des mégalithes de Stonehenge.

À propos du rôle des menhirs, des dolmens et des totems dans les civilisations premières, chacun ressent bien, plus ou moins confusément, ce que ces figures verticales peuvent impliquer symboliquement en tant que garantes de la Loi. Rien d'autre que cela n'était visé un certain 11 septembre 2001 : la mise à bas de deux totems païens appelés *World Trade Center* (« Mondial Commerce Centre »), représentants de la Loi financière américaine, comme les deux barres verticales du « $ ». Plus complexe à fouiller serait le rôle essentiel de l'étranger – Corto, Pratt – comme soutien et référent d'une Loi autre, universelle, humaniste. Disons que si la Loi ne s'applique qu'à soi-même et non pas à l'étranger, ou même contre lui, elle ne peut réellement prétendre à une dimension universelle et transcendante ; elle aurait donc ainsi par nature vocation à pouvoir être, tôt ou tard, réputée caduque. Toute loi qui n'est *que* protection de soi-même à l'exclusion d'un autre peinera toujours à définir son caractère indiscutable au regard de *tous*. Dans l'accueil qui est fait à l'étranger, c'est à dire à l'altérité, on a une indication précise des relations qu'une société civile entretient avec la Loi : de circonstance, temporaire ou, au contraire, spirituelle et multiséculaire.

Un ordre moral qui œuvre pour le progrès de l'humanité « tout en laissant à chacun de ses membres le soin de préciser à sa convenance le sens de ces mots », c'est la franc-maçonnerie ; à laquelle Corto Maltese n'adhère pas (« Mais vous parlez comme un frère, seriez-vous franc-maçon ? – Non, non, Je suis simplement franc marin. Je l'espère, du moins »). Mais Hugo Pratt, lui, va y adhérer : le 17 novembre 1976, il est initié dans la loge Hermès de Venise, et accédera au grade de « maître secret 4ᵉ degré du rite écossais ancien accepté » en 1989. Ça en jette ! Compte tenu qu'il y a à peu près autant d'obédiences maçonniques que de loges, Pratt n'a pas dû se sentir très contraint par ce système de pensée philosophique aux contours bien flous, cette auberge italienne où chacun pouvait apporter son manger. Pour lui, être dans une loge maçonnique, à part les si cruciales valeurs universalistes, bien sûr, était aussi l'occasion de bien picoler à la santé du « Grand Architecte » et de refaire le monde jusqu'à l'aube. Avec Pratt, obsédé par la question du divin, la licence poétique avait trouvé à qui parler.

Dans l'édition raisonnée des 420 pages du cycle 1970-1973 des aventures de Corto Maltese (Casterman) la porte d'entrée du monde de Mu apparaît dès la 31ᵉ page, tandis que le site de Stonehenge signe la sortie de ce cycle 41 pages avant sa conclusion.
Pour Pratt, les géants de l'île de Pâques étaient les gardiens de l'entrée du monde de Mu, l'Atlantide de l'Océan Pacifique.

O.G

L'Agent 212

L'empêcheur de détourner en rond.

Cauvin et Kox, 1975

L'Agent 212, gros plein de frites imbu de son uniforme, trimballe sa bedaine dans la bande dessinée belge depuis des décennies sans que le public semble jamais se lasser de cette revanche sur les « forces de l'ordre » que permet le spectacle de son inépuisable stupidité. D'autres policiers avaient déjà été longuement ridiculisés dans la bande dessinée belge, chez Gaston Lagaffe (avec l'agent Longtarin), Tintin (les Dupondt), dans la grande tradition des films de Charlie Chaplin, où Charlot est sans cesse traqué et poursuivi par des *policemen* pas commodes du tout…

Mais c'est la première fois que la vedette exclusive aura été ainsi offerte à un «poulet» dans une bande dessinée, ouvrant d'ailleurs la voie à des dizaines d'autres séries commerciales consacrées à des professions (médecins, profs, pompiers, représentants de commerce, chauffeurs routiers, croque-morts, équarrisseurs, notaires, grutiers, égoutiers, etc.), mais sans qu'aucune n'égale vraiment la notoriété de l'Agent 212. Ce qui tend à prouver le vide existentiel qu'il a comblé, le caractère vital de la niche écologique qu'il a occupée puisque c'est même d'ailleurs, symptomatiquement, un succès public qui aura précédé son existence en librairie : ses auteurs (Raoul Cauvin et Daniel Kox), en le créant, n'avaient strictement aucune intention d'en faire une série au long cours, mais seulement de réaliser quelques gags sans lendemain. Ce sont les lecteurs qui ont immédiatement plébiscité ce personnage, cet exutoire qui les vengeait de tous les abus policiers, de leur lecture exagérément tatillonne des Codes civil et pénal. Lecteurs qui après seulement quelques pages publiées ont tout de suite fait savoir à l'éditeur le très vif plaisir que ces saynètes leur procuraient. On a donc assisté à la satisfaction d'un véritable *besoin* de la population, auquel les auteurs auront, sans se faire prier, répondu de bon cœur avec un sens du service public qui les honore.

La Loi est, bien sûr, la condition nécessaire à l'existence de toute civilisation, mais au quotidien, son respect se heurte au mythe de la perte de la jouissance éternelle, du paradis perdu (Adam et Ève chassés comme des malpropres du jardin d'Eden), perte de laquelle découle justement l'avènement de la Loi ; donc, sans perte de jouissance, pas de Loi. Reconnaissons que dans de telles conditions, il n'est pas toujours facile de donner raison à cet agent, qui vous rappelle si cruellement votre condition de misérable-humain-chassé-du-paradis.

À contrario, l'auteur anonyme du célèbre slogan provocateur de Mai 68 « Jouissons sans entraves » n'était sûrement pas dans une revendication réelle de programme ; l'eût-il été, il se serait vite rendu compte que sans entraves on ne jouit pas, ou mal. C'est bancal. De l'interdit naît la liberté. Alors oui, d'accord, tout ça est bien gentil en théorie, mais si contrariant ! Il nous faut bien des gendarmes, comme au Guignol, contre qui pouvoir se défouler.

Bref, l'Agent 212, c'est la bonne vieille tronche du flic à la fête foraine, que les badauds s'amusent à dégommer au « chamboule-tout ». Ça soulage tellement !... Outrage à un représentant de la force publique ? Mais que fait donc la police ?…

o'groj

Titeuf

Le zizi sexuel expliqué à ma fille.

Zep, 1992

Titeuf est l'héritier direct de deux personnages de René Goscinny, « le petit Nicolas » et « Chaprot » (dessinés par Sempé et Gotlib). Trois petits garçons (Titeuf = « p'tit œuf ») posant sur le monde bizarre des adultes un regard plein d'incompréhension et décalé, dans des sketchs où ils s'expriment tous les trois à la première personne du singulier. Mais voilà, grosse, énorme différence : le petit Nicolas et Chaprot délivraient leur vision gentiment taquine et policée une quinzaine d'années après le milieu du XXe siècle, à une époque où il n'y avait en tout et pour tout qu'une, deux puis trois chaînes de télévision, très censurées, et où ce qui relevait de la sexualité restait tabou, non dit. Le point de bascule intervient en mai 1968, quand les pays occidentaux font leur crise d'adolescence ; la parole se libère, on oppose le bien-être à la morale. Il faudra encore attendre, à la suite des deux principaux journaux « insolents » d'alors, *Hara-Kiri* et *Charlie Hebdo*, l'arrivée de *L'Écho Des Savanes* (1972), de *Fluide Glacial* (1975) et de l'émission de Canal + *Les Nuls* (1987), entre autres, pour que le discours sur la sexualité se débride vraiment dans les médias, jusqu'à finir – en moins de deux générations ! – par saturer tout l'espace. C'est dans cette trajectoire historique qu'apparaît Titeuf, en 1992, un petit garçon qui se pose dix mille questions sur les filles, la séduction, et tout ce qui a trait au « zizi sexuel », jusqu'à parrainer un guide du même nom destiné à informer (enfin !) les enfants avec tact et humour sur ces questions essentielles. À cet égard, Titeuf est bien le marqueur de son époque : avant, on ne pensait déjà qu'à « ça », mais on n'avait pas trop le droit d'en parler à la messe, à présent – en caricaturant –, il serait assez mal vu, voire ringard, de ne pas s'afficher totalement obsédé sexuel. C'est l'hypersexualisation de la société[(1)] à laquelle n'échappe pas (au contraire !) la sphère prépubère : pantalons taille basse, strings, soutiens-gorge rembourrés, concours de « Mini-Miss », autant de mises en scène sociales de pornographisation de l'univers ado et préado, qui ne manqueront pas d'intriguer encore un peu plus le candide Titeuf. Mais qu'on ne s'y trompe pas, cette tentative de rupture avec la honte du désir ne reste qu'une tentative, la misère sexuelle est encore d'actualité ; car dans ce grand défouloir de la jouissance à tout prix, les jeunes filles se déclarent toujours aussi ignorantes de leur propre corps[(2)], la sexualité n'est toujours pas enseignée, et cette ignorance agit comme une ceinture de chasteté psychologique. Le sexe, les ados et préados, finalement toujours aussi paumés, n'arrivent au mieux qu'à s'en dépatouiller, sous une pression sans cesse accrue, écartelés qu'ils – ou elles – sont entre l'hypersexualisation des apparences et le maintien vivace des anciens tabous. Vivace, car tous ces bouleversements de façade se produisent dans une permanence des valeurs religieuses, qui restent marquées au fer rouge par l'idée de péché (de chair), l'idée que le sexe, c'est crado (luxure, péché capital, enfer), et, pour tout dire, mortellement dangereux (maladies transmissibles). Bref, pour la culture occidentale chrétienne, les bons vieux préceptes de M. Paul de Tarse, dit saint Paul, sont toujours en vigueur. Saint Paul, né vers l'an 8, primo-accédant à la diffusion mondialisée de la Très Sainte Parole du Christ, parole remaniée par ses soins à son image, *forcément* à son image, saint Paul qui aura, le premier, opposé la morale au sexuel. Et apparemment, ses divins préceptes n'auraient donc pas fini de nous pourrir la vie, avec ses idées tordues, biscornues, qui continuent à faire tache d'huile et culpabiliser sournoisement des générations et des générations d'aspirants baiseurs, les empêchant de vivre harmonieusement cette chose pourtant d'apparence si simple appelée « amour physique » (ou, plus prosaïquement, « un bon plan cul », c'est selon). Les enfants, eux, n'attendent pas la permission des adultes pour se raconter entre eux des histoires que nous trouvons « salaces » et grossières. Fait extraordinaire, il s'agit de la seule « culture » orale qui ne passe pas par le filtre des médias, et qui ne se transmet *que* par le bouche-à-oreille. Les inventeurs des blagues (souvent crados) de Toto sont toujours anonymes et ne touchent pas de droits d'auteur, dommage pour eux. Les comptines « dégueu » font partie de la culture enfantine. Elles sont sans doute nées du besoin fondamental de symboliser les métamorphoses corporelles dont ils sont l'objet. Cela commence avec « caca boudin » et ça continue de manière plus élaborée avec les multiples formulations obscènes qui mettent en langage ce qu'ils vivent dans la réalité de leur corps[(3)]. Le succès de Titeuf et de ses titeuferies repose essentiellement sur tout cela.

(1) *Cf.* rapport parlementaire de Mme la sénatrice Chantal Jouanno, « Contre l'hypersexualisation, un nouveau combat pour l'égalité », 5 mars 2012.

(2) « Jeunes femmes cherchent plaisir désespérément », *Le Monde*, 9 mars 2012.

(3) *Cf.* Claude Gaignebet, *Le Folklore obscène des enfants,* Maisonneuve et Larose, 2002 ; D. W. Winnicott, *Jeu et réalité*, Gallimard, 1975.

O.GROT-
NOWSKI

Du même auteur

Illustration :

Le Dupondt sans peine (texte de A. Algoud , collectif, Canal + éditions, 1997)
Portraits de Titeuf (collectif, Christian Desbois éditions / Glénat, 2004)
Les nouveaux Pieds Nickelés (collectif, Onapratut, 2010)
Revoilà Popeye (collectif, Onapratut, 2012)

Boris Vian en BD (collectif, Vents d'Ouest, 2000)
Tacatam Blues (texte de G. Goffette, Cadex éditions, 2000)
Le fin mot de l'histoire (texte de A. Algoud et A. Devoise, City éditions, 2005)

Bande dessinée :

Au fil du rasoir (Casterman, 1993)
La semaine des 7 Noël (Casterman, 1999)
Alerte aux envahisseurs (Les Dragz 1, texte de Corcal, Dupuis 2001)
La nuit des morveglus (Les Dragz 2, texte de Corcal, Dupuis 2002)
Apocalypse Dragz (Les Dragz 3, texte de Corcal, Dupuis, 2003)
Affreux, bêtes et gluants (Les Krazbek's 1, Albin Michel, 2006)
Microkradox (Les Krazbek's 2, Glénat, 2009)
Nestor et Polux (texte de F. Tarrin et F. Neidhardt, Pif éditions, 2005, Onapratut, 2009)
Superzéro (in Mickey Magazine, 2007-2010)
Chroniques du règne de Nicolas 1er, (texte de P. Rambaud, Glénat-Grasset, 2012)

Jeunesse :

Pour une poignée de Chamallows (texte de D. Cohen, Syros, 1986)
Napoléon, l'empire c'est moi (texte de J.M. Dequeker-Fergon, Gallimard 1997)
Jojo tête à cloques (texte de Corcal, Glénat J. 2001)
Koupkoup coiffeur d'horreurs (texte de Corcal, Glénat J., 2001)

Impression & reliure sepec - France
Numéro d'impression : 10803130708 - Dépôt légal : octobre 2013
ref 4010023/01

IMPRIM'VERT®

PEFC™ 10-31-1470 / Certifié PEFC / Ce produit est issu de forêts gérées durablement et de sources contrôlées. / pefc-france.org